de la conviction la marche de ses idées, ses doutes, la manière dont il les avait dissipés, et enfin la certitude d'un résultat qu'il regardait désormais comme assuré.

Il ne connaissait de Colbert que son ardeur pour tout ce qui pouvait contribuer à la prospérité ou à la gloire de la France, et il n'en était pas connu ; il n'hésita pas cependant à lui demander une confiance qu'il croyait mériter, et à se proposer pour entreprendre cet immense travail, en offrant pour garantie l'entière disposition de tout ce qu'il possédait.

Riquet avait bien jugé Colbert. Le génie du ministre, véritable homme d'Etat, saisit du premier coup d'œil tout ce que ce projet renfermait d'avenir pour la prospérité de la France. Louis XIV, auquel il fut soumis, et qui, dans les choses utiles, était toujours disposé à préférer celles qui portaient un caractère de grandeur, entra dans les vues de son ministre.

Le 11 avril 1664, Riquet avait arrêté le tracé de la rigole qui devait conduire les eaux depuis Durfort dans la Montagne, jusqu'à Naurouse.

Il continua d'étudier avec ardeur la grande question de la réunion et de la conduite des eaux jusqu'au point de partage. Il entretenait sur cet important objet une correspondance suivie avec Colbert, et lui demandait d'être autorisé à faire à ses frais une rigole d'essai. Cette autorisation lui fut donnée par lettres patentes du 27 mai 1665, et le 9 novembre de la même année, les commissaires réunis se présentèrent au point de partage, et virent avec surprise les eaux y arriver en grande abondance. Sur le compte qu'ils en rendirent, le roi nomma le chevalier de Clerville pour dresser le devis du canal.

jours d'octobre 1664, établit le triomphe des idées de Riquet, en démontrant la possibilité de réunir à Naurouse les eaux de la Montagne Noire, de manière à pouvoir les distribuer ensuite à volonté.

Les secours demandés aux Etats de Languedoc, qui furent accordés avec libéralité lorsque l'entreprise eut pris un caractère bien décidé, ayant d'abord été refusés, Riquet se chargea seul, à ses risques et périls, du commencement de l'exécution. Les devis de M. de Clerville qui furent faits d'abord pour la portion qui devait s'étendre entre Toulouse et Trèbes, étaient portés à 3,630,000 livres, et le roi ayant agréé les propositions de Riquet, lui concéda, par un édit de création du mois d'octobre 1666, certains droits et redevances pour l'aider à accomplir cette jonction des deux mers.

Plusieurs milliers de travailleurs furent aussitôt employés aux premiers ouvrages, et les premières pierres furent posées en avril 1667, avec la plus grande solennité, au bassin de Saint-Ferréol et à l'écluse d'entrée dans la Garonne.

Bientôt après, on reprit le projet de la seconde partie du Canal jusques à Cette dont M. de Clerville fit encore le devis, et dont Riquet se rendit adjudicataire, le 23 janvier 1669, pour une somme de 5 millions 832 mille livres.

Douze mille ouvriers divisés en brigades furent employés à la fois, et, ce qui est bien digne de remarque, c'est que ces travaux entrepris sur trois points différents, se trouvèrent si bien combinés que leur réunion ne nécessita pas le moindre changement dans la direction générale.

La grande entreprise touchait à son terme, et Riquet

LOI DU 23 MARS 1855

SUR LA

TRANSCRIPTION EN MATIÈRE HYPOTHÉCAIRE

EXPOSÉ

RÈGLES DE DROIT CIVIL

RÉSULTANT DE LA LOI DU 23 MARS 1855

SUR LA

TRANSCRIPTION

EN MATIÈRE HYPOTHÉCAIRE,

PAR

M. Gustave BRESSOLLES,

PROFESSEUR À LA FACULTÉ DE DROIT, MEMBRE DE L'ACADÉMIE DE LÉGISLATION
DE TOULOUSE.

DEUXIÈME ÉDITION.

Extrait du Recueil de l'Académie de Législation, 1855.

TOULOUSE

TYPOGRAPHIE DE BONNAL ET GIBRAC

RUE SAINT-ROME, 46.

1856.

EXPOSÉ

des RÈGLES DE DROIT CIVIL

applicables à la loi du 23 mars 1855

sur la TRANSCRIPTION

EN MATIÈRE HYPOTHÉCAIRE

par

M. Gustave BRESSOLLES

Docteur en droit, avocat et professeur suppléant à la faculté de droit de Toulouse

DEUXIÈME ÉDITION

Extrait du Recueil de l'Académie de législation, 1858.

TOULOUSE

TYPOGRAPHIE DE BONNAL ET GIBRAC
rue St-Rome, 44

1858

EXPOSÉ

DES RÈGLES DE DROIT CIVIL

Résultant de la loi du 23 mars 1855

SUR LA TRANSCRIPTION EN MATIÈRE HYPOTHÉCAIRE.

SOMMAIRE.

CONSIDÉRATIONS PRÉLIMINAIRES.

1 à 3. — Importance, — objet, — sources de la loi du 23 mars 1855.
4 et 5. — Nature et division de ce travail.

PREMIÈRE PARTIE. — Dispositions de la loi du 23 mars, **sur la** *Publicité des actes translatifs ou modificatifs de la propriété immobilière.*

APERÇUS GÉNÉRAUX.

6 à 9. — But de cette partie de la loi ; — système adopté pour l'atteindre.
10. — Deux modes de publicité.

SECTION I. — PUBLICITÉ PAR TRANSCRIPTION.

11. — Division de la matière.

§ 1. *Notion, nature et origine de la transcription* (12 et 13).

§ 2. — *Quels actes sont sujets à transcription.*

14. — Observation terminologique ; — *faits* non sujets à publicité ; — actes étrangers.

Nº 1. — Transcription des actes constatant des faits juridiques volontaires.

15. — Deux conditions requises.
16. — *Première condition. — Faits juridiques soumis à publicité par la loi* (art. 1 et 2).

Considérations préliminaires.

1. La loi du 23 mars 1855, sur la *Transcription en matière hypothécaire*, est, à coup sûr, la plus importante qui ait été rendue, concernant le régime de la propriété immobilière, depuis la promulgation du Code Napoléon, dont elle vient non seulement compléter, mais aussi profondément modifier plusieurs points (1).

2. Le titre officiel qui a été donné à cette loi ne fournit qu'une idée incomplète et même inexacte de son contenu : il n'annonce que des dispositions relatives à l'insertion, qu'on appelle *transcription*, de certains actes dans des registres publics, et encore même semble-t-il, d'après ce titre, qu'il ne s'agisse que de l'influence de cette formalité, *en matière hypothécaire*; or, l'objet de la loi est bien plus large : d'une part, en effet, elle s'occupe de la transcription dans ses rapports, non seulement avec la matière hypothécaire, mais encore avec les actes translatifs ou modificatifs de la propriété territoriale, et, d'autre part, elle contient plusieurs règles spéciales sur des parties plus ou moins critiquées de notre régime hypothécaire (2).

3. Du reste, cette loi est directement issue du projet qui avait été adopté en seconde lecture par l'Assemblée nationale de 1851, et qui était arrivé au dépôt du rapport pour la troisième délibération, lorsque ce Corps politique fut dissous; on a seulement fait un choix parmi les articles de ce projet (3), et, en définitive, c'est aux 9 ou 10 articles dont se compose la loi nouvelle, qu'ont abouti les grands travaux politiques, judiciaires, universitaires et économiques préparés dès-longtemps dans l'intérêt du crédit de la propriété foncière. Parmi les points réglés aujourd'hui, quelques-uns étaient bien des plus urgents à régler; mais puisqu'on ouvrait la brèche des innovations sur le Code Napoléon, peut-être le moment eût-il été propice pour décider quelques autres questions très controversées, que son interprétation a soulevées en ces matières.

(1) Voy. cependant Exposé des motifs, p. 7. — Rapport au Corps Législatif, p. 7.
(2) Voy. Rapport au Sénat, p. 7.
(3) Voy. Exposé des motifs, p. 5. — Rapport au Corps législatif, p. 2.

4. Quoi qu'il en soit, étudions la loi telle qu'elle est, et indiquons la nature du travail que nous présentons à son sujet. Nous n'entendons blâmer personne, ni critiquer aucun ouvrage fait ou à faire sur notre loi (1); mais nous avons toujours pensé qu'il peut y avoir danger scientifique et pratique à produire trop tôt, sur une loi nouvelle, des commentaires ou traités de longue haleine : l'interprétation d'une loi se fait beaucoup par son application, et la droiture des magistrats, chargés de surveiller l'action des officiers civils qui relèvent d'eux, est d'un puissant secours pour parer aux imprévus du législateur : la doctrine doit attendre, ce semble, et son rôle nous paraît devoir se borner à un exposé simple quoique complet, mais aussi sans débats, des règles et de l'esprit de la loi nouvelle : elle pourra donner son avis sur les principales conséquences qui ressortent naturellement du texte et des motifs de la loi ; mais, hors de là, elle doit être sobre et ne pas chercher les difficultés à venir avec trop de sollicitude : car la chicane n'attend que des armes, et elle s'empare au plus vite des opinions enfantées dans le cabinet, mais que l'audience, qui est le champ clos du droit, n'eût jamais entendu se produire. — C'est donc une simple explication raisonnée de la loi du 23 mars 1855 que nous allons essayer.

5. Ce travail sera divisé en deux parties : 1° dispositions de la loi concernant la *publicité à donner aux actes translatifs ou modificatifs* de la propriété immobilière ; — 2° dispositions spéciales relatives au *régime hypothécaire*.

(1) Sans parler des divers travaux déjà publiés en France sur ce sujet, nous citerons volontiers un Mémoire manuscrit, adressé à l'Académie de Législation de Toulouse par M. Rivière, docteur en droit, l'un de ses lauréats, sur diverses *questions* soulevées par la loi du 23 mars 1855.

Le premier volume du *Traité des priviléges et hypothèques*, par M. Martou, de Bruxelles, qui contient le commentaire des articles de la loi belge du 16 décembre 1851, sur un sujet analogue à celui de notre loi du 23 mars, nous a fourni de précieuses indications.

PREMIÈRE PARTIE.

Dispositions de la loi du 23 mars 1855, sur la PUBLICITÉ des actes TRANSLATIFS OU MODIFICATIFS de la PROPRIÉTÉ immobilière.

Aperçus généraux.

6. Le but de cette partie des dispositions de la loi nouvelle, est que toute personne, acquérant un immeuble ou prêtant des capitaux avec garantie hypothécaire sur cet immeuble, ait le moyen, en consultant des registres publics, de s'assurer si le propriétaire apparent qui aliène ou emprunte, peut légalement et utilement consentir ces actes, c'est-à-dire s'il est lui-même légitime et régulier propriétaire de l'immeuble, et n'a fait auparavant aucune aliénation ni aucun acte de démembrement de ses droits sur cet objet.

C'est pour atteindre ce but que la loi impose la condition de faire insérer ou mentionner dans les registres du conservateur des hypothèques, tous les actes qui, par concession, renonciation ou autrement, enlèvent ses droits au propriétaire ou le modifient notablement. *Non publiés*, ces actes sont *inopposables* à des acquéreurs ou prêteurs postérieurs ; *publiés*, ils sont à l'abri de toute atteinte.

Tel est, en substance, le système de la loi nouvelle : c'est le bureau du conservateur qui doit indiquer la mesure de confiance inspirée par tout propriétaire immobilier.

7. Ce système, considéré en lui-même, est sans doute une bonne chose ; car il est infiniment utile de bien connaître l'état véritable où se trouve, entre les mains de son propriétaire actuel ou apparent, l'immeuble à l'occasion duquel on contracte ; — la publicité, qui est l'une des bases admises, sauf exception, par le régime hypothécaire du Code civil, n'est même pas étrangère à ce Code, dans le sens où la loi du 23 mars 1855 la généralise, puisque les actes de donations immobilières sont soumis (939 à 942), ainsi que les substitutions permises (art. 1069), à des règles analogues.

8. Ces règles ne sont donc pas une chose absolument nouvelle, eu égard à la législation du Code civil : seulement il est de jurisprudence maintenant irrécusable, malgré d'anciennes controverses, que toute transmission ou modification de la propriété foncière, opérée autrement que par donation entre-vifs, n'est point soumise, d'après ce Code, à des conditions de *publicité*, pour produire son effet absolu, et que toute obligation translative d'un corps certain, est *parfaite* et confère *adversus omnes* le droit, objet du contrat, par le *seul* consentement des parties contractantes.

9. Or, d'après ces principes, considérés comme étant ceux du Code civil, il a été permis de dire *en théorie*, qu'on n'a jamais la certitude, en achetant ou en prêtant, que l'immeuble vendu ou hypothéqué, n'ait pas déjà été aliéné ou démembré notablement par celui avec qui l'on traite, en sorte que celui-ci ne vende ou n'hypothèque qu'une chose qui n'est déjà plus à lui, ou sur laquelle ses droits sont ébréchés. Cette déduction incontestable a servi de base à l'opinion, devenue presque générale, qui a signalé comme trop métaphysique la règle du Code civil ; aussi a-t-on réclamé la publicité pour les actes dont nous parlons, et a-t-on signalé l'absence actuelle de cette publicité, comme l'une des causes principales du peu de crédit accordé par les capitaux à la propriété foncière (1). C'est pour donner satisfaction à ces craintes que la loi nouvelle a été rendue ; elle est donc assurée de répondre à des vœux presque unanimes ; mais il n'est pas aussi certain que, *en fait*, elle fût absolument nécessaire (2) ; car, d'un côté, le stellionat est fort rare, et, de l'autre, les aliénations de quelque valeur sont déjà, d'après le Code civil, rendues publiques pour arriver à la purge ; quant à celles qui n'ont pour objet que de minces valeurs, on pourra bien ne pas plus exécuter la loi nouvelle qu'on n'exécute l'art. 2182 (3).

Quoi qu'il en soit, la règle nouvelle est certaine : les événements principaux, sinon tous ceux qui se rapportent à l'état de la propriété foncière, doivent être rendus publics ; mais nous pouvons noter, dès ce moment, que, puisque plusieurs d'entr'eux échappent à cette nécessité, le but majeur de la loi ne sera pas complétement atteint ; la certitude qu'on recherche ne sera pas absolue, même après vérifica-

(1) Voy. *Moniteur* du 15 janvier 1855. — Rapport au Corps Législatif, p. 3 et 4. — Rapport au Sénat, p. 2.

(2) Voy. quelques divergences, Exposé des Motifs, p. 10. — Voy. discours à l'Assemblée législative, *Moniteur* du 16 février 1851.

(3) Voy. *Moniteur* du 17 janvier 1855. — Voy. Rapport au Sénat, p. 21.

tion des registres du conservateur, quoiqu'elle ait cependant, il faut l'avouer, de grandes raisons de sécurité.

10. Cela posé, la loi du 23 mars 1855 établit deux modes de publicité, selon la nature différente des actes qu'elle y soumet, savoir : la publicité par voie de *transcription* et la publicité par voie de simple *mention* sur les registres publics. — Examinons tour à tour l'une et l'autre.

SECTION Ire

De la publicité par voie de transcription.

11. Il faut exposer à ce sujet : 1° la notion et la nature de la transcription en cette matière ; — 2° quels actes y sont soumis ; — 3° à la diligence de qui, où et comment cette formalité doit être remplie ; — 4° quelles sont les suites de l'accomplissement ou de l'inobservation de cette formalité.

§ 1. — *Notion, nature et origine de la transcription.*

12. *Transcrire* un acte, c'est le *copier*, et il s'agit ici de la copie des actes constitutifs ou modificatifs de la propriété foncière, sur les registres du conservateur des hypothèques.

Cette formalité n'entre nullement dans les *conditions de validité* des actes à transcrire : il faut les considérer comme réguliers et parfaits en eux-mêmes, et la transcription qui en est faite, ne se rattache en rien à leur consommation : elle est seulement destinée, d'après les vues générales plus haut exprimées, « à procurer aux tiers, créanciers » ou acquéreurs, la publicité matérielle, durable et facile à chercher, » des mutations de la propriété immobilière et des démembrements » ou charges qui peuvent en altérer la valeur (1).

13. Ce mode de publicité fut appliqué d'abord par la loi des 20-27 septembre 1790, aux anciens *pays de nantissement*, dans lesquels on dut *transcrire*, aux greffes des tribunaux de district de la situation des biens, les grosses des contrats d'aliénation immobilière ou d'hypothèque, à l'effet de *consommer* les dites aliénations ou hypothè-

____

(1) Voy. Exposé des motifs, p. 8.

ques (1) : la loi du 11 brumaire an VII adopta, pour toute la France, l'exigence de cette formalité , non plus pour la *consommation* des actes translatifs de biens immobiliers , mais seulement pour que ces actes pussent être opposés aux tiers qui auraient contracté avec le vendeur ; enfin, c'est dans le même ordre d'idées que le Code Napoléon a adopté la *transcription* comme mode de publicité et de perfection des donations immobilières à l'égard des tiers.

Voilà d'où est venue la formalité de la *transcription* , généralisée de nouveau par la loi du 23 mars 1855.

§ 3. — *Quels actes sont soumis à la transcription par la loi du 23 mars.*

14. La transcription étant une formalité *matérielle*, il est clair que le mot *acte* devrait se prendre ici dans le sens d'*écrit* ou d'*instrument*; néanmoins l'usage et même le langage de la loi ont consacré l'emploi de ce mot pour désigner, soit l'*instrument probatoire*, soit le *fait juridique* qu'il s'agit de prouver , et il suffit d'une légère attention pour éviter toute confusion à cet égard ; ainsi l'on dit transcrire une *vente*, un *jugement*, quand il n'y aurait exactitude de langage qu'en disant : *publier* une *vente* , un *jugement* par la *transcription* des *actes* qui les constatent.

Or, la loi du 23 mars prescrit cette formalité pour deux genres d'*actes*, — ceux qui constatent certains *faits juridiques volontaires*, et ceux qui constatent certains *jugements* : nous parlerons séparément des uns et des autres. Mais faisons remarquer, dès le début : 1° que de simples *faits* , tels que ceux d'*occupation* , de *possession* , etc. , qui sont bien de nature à produire , en tels cas donnés, des effets légaux importants, sont tout à fait en dehors de la loi nouvelle ; 2° que les règles suivantes sont applicables aux actes faits ou passés en pays étranger, comme aux actes français (art. 3, Cod. Nap.), sauf à observer d'ailleurs les règles du Code de procédure, pour les rendre exécutoires en France. (Art. 546 Proc.)

N. I. — Transcription des actes constatant des *faits juridiques volontaires*.

15. Un acte est régi par la loi du 23 mars : 1° s'il a pour objet un *fait juridique* formellement soumis par elle à ce mode de publicité,

(1) Voy. un article intéressant de M. Duverdy, *Revue historique du Droit français*, t. I, p. 97 et suiv. — Merlin, Répertoire, v° *Devoirs de loi*, § 4.

et 2° si ce fait juridique a eu lieu *entre-vifs*, mais autrement que par *donation, concession administrative*, ou à suite de *travaux d'utilité publique* : étudions, en détail, ces deux conditions.

16. *Première condition* : Il faut que le fait juridique, constaté par l'acte en question, soit du nombre de ceux que la loi, dans ses art. 1 et 2, soumet à publicité.

Ces articles sont ainsi conçus :

Art. 1er. « Sont transcrits au bureau des hypothèques de la situa-
» tion des biens : 1° tout acte entre-vifs translatif de propriété immo-
» bilière ou de droits réels susceptibles d'hypothèques ; 2° tout acte
» portant renonciation à ces mêmes droits ; 3° tout jugement qui dé-
» clare l'existence d'une convention verbale de la nature ci-dessus ex-
» primée ; 4° tout jugement d'adjudication, autre que celui rendu sur
» licitation, au profit d'un cohéritier ou d'un copartageant. »

Art. 2. « Sont également transcrits : 1° tout acte constitutif d'anti-
» chrèse, de servitude, d'usage et d'habitation ; 2° tout acte portant
» renonciation à ces mêmes droits ; 3° tout jugement qui en déclare
» l'existence, en vertu d'une convention verbale ; 4° les baux d'une
» durée de plus de dix-huit années ; 5° tout acte ou jugement cons-
» tatant, même pour bail de moindre durée, quittance ou cession
» d'une somme équivalente à trois années de loyers ou fermages non
» échus. »

17. *La première catégorie* (art. 1er) comprend : 1° la *translation de propriété* de biens immeubles, c'est-à-dire de fonds de terre, de bâtiments, d'immeubles par destination non séparés du fonds, de mines concédées indépendamment de la superficie, d'actions immobi- lisées de la banque de France et des canaux d'Orléans ou de Loing, d'actions immobilières, et, en général, de tout ce qui est immeuble, d'après le titre *De la distinction des biens* ; 2° la *constitution de droits réels susceptibles d'hypothèque*, — ce qui, *actuellement, ne comprend que* l'usufruit et l'emphythéose, quoiqu'il y ait controverse sur ce dernier point, — mais ce qui, vu les termes généraux dont s'est servi la loi, *pourra comprendre* tout autre droit réel qu'une loi pos- térieure déclarerait susceptible d'hypothèque ; 3° la *translation* dont l'un de ces droits serait l'objet par ceux auxquels il peut appartenir, comme serait la cession de l'usufruit ; 4° la *renonciation* à ces mêmes droits ; ceci comprend d'abord les renonciations appelées *in favorem*, c'est-à-dire faites en faveur d'une personne spécialement déterminée et opérées gratuitement ou moyennant un prix, parce qu'elles sont, à vrai dire, des faits d'aliénation ou de transmission des droits auxquels on paraît seulement renoncer (780 C. C.) ; mais la loi ne distinguant pas, s'applique aussi aux renonciations, soit pures et simples, soit faites nominativement en faveur de ceux auxquels elles doivent naturellement profiter, quoique faites alors sans prix ; il n'y aurait , ce semble, d'exception pour de telles renonciations que s'il s'agissait de *renonciation à succession* (1) : d'une part, en effet, la publicité qui est dans le vœu de la loi, est déjà organisée pour ces renonciations, par la forme de déclaration au greffe du tribunal de l'ouverture de la succession, à laquelle elles sont soumises, et d'autre part, l'art. 785 considérant celui qui a renoncé à la succession, comme n'ayant jamais été héritier, ceux qui la recueillent à sa place acquièrent un droit qui n'a jamais été fixé sur sa tête ; il n'y a pas transmission de l'un aux autres, sauf la faculté que l'art. 788 réserve aux créanciers du renonçant, s'il y a eu fraude de sa part, ce qui est tout autre chose. La même solution devrait être donnée pour les *renonciations à la communauté* (Arg. 1492 et 785 comb.)

Telle est la première catégorie de *faits juridiques* dont les actes probatoires sont soumis à transcription.

18. La *seconde catégorie* comprend : 1° la *constitution* d'antichrèse, de servitude, d'usage et d'habitation, quoique ces droits ne soient pas susceptibles d'hypothèque : mais cette énumération est limitative, et, par exemple, la constitution d'hypothèque elle-même qui donne naissance à *un droit réel* (2114), non susceptible d'être à son tour hypothéqué (778 Pr.), reste seulement soumise à la publicité par l'inscription, sans exigence de transcription ; 2° *la renonciation à ces mêmes droits,* quoique faite purement et simplement. Quant à la *translation* par voie de cession ou autrement, de ceux de ces droits qui en seraient susceptibles, comme la cession d'une créance munie d'antichrèse, elle n'est pas soumise à la *transcription* ; en effet, l'art. 2 ne parle que de la *constitution* de ces droits, et l'art. 1er, qui s'occupe de la *translation* de certains droits, ne parle que de ceux qui *sont susceptibles d'hypothèques,* parce que c'est à leur sujet que peuvent surtout s'élever les conflits que la loi du 23 mars a eu pour but de régler.

(1) La question fut posée, mais non résolue dans la discussion. — *Moniteur* du 15 janvier 1855.

19. *La troisième catégorie* de faits juridiques sujets à transcription ne se compose point, comme les deux premieres, de *droits réels*; mais, « *fesant invasion dans le domaine des droits personnels* » (1), elle comprend : 1º *les baux urbains ou ruraux*, *d'une durée de plus de 18 années*; et 2º *tout paiement*, *même pour bail de moindre durée, de trois années de loyers ou fermages non échus*, fût-il déguisé sous la forme de cession d'une somme équivalente à ces trois années de termes anticipés. L'exigence de la publicité pour ces sortes d'actes, quoique nuisant au secret et à la liberté des transactions privées, a un grand intérêt pour les cas où, d'après les art. 1743 Cod. Civ. et 684 Cod. Pr., les baux peuvent être opposés aux acquéreurs de l'objet loué. La trop longue durée des baux ôte à la propriété l'un de ses principaux attributs pour le nouveau propriétaire, comme le paiement anticipé de termes trop nombreux rend la propriété simplement nominale pour lui (2). C'est le *seul droit personnel* qui soit soumis à la formalité, d'après les termes de la loi : il en faudrait conclure que la concession à titre de simple *précaire* ou de *commodat immobilier*, n'y serait pas soumise comme telle; mais on aurait à voir, si, sous cette forme apparente, une telle concession ne cacherait pas un droit d'*usage*, d'*habitation* ou même d'*usufruit*: elle serait alors soumise aux règles de la première ou de la seconde catégorie. — On aura remarqué que ce ne sont que les baux de *plus de 18 années* qui sont assujettis à la formalité de la transcription : peut-être ce terme est-il un peu trop long; un bail, même de 18 années seulement, est une gêne fort grande pour un acquéreur, et on dépassera rarement cette limite, soit afin d'éviter la transcription, soit parce que cette durée est déjà bien raisonnable : il faut d'ailleurs observer que l'on pourra, même sans fraude, éluder indirectement, à concurrence de deux ou trois années, la limite fixée par la loi, en renouvelant, *pour 18 années seulement*, le premier bail; non encore complètement expiré (1430, 1718, Code civil) : ce renouvellement, en le supposant toujours exempt de fraude, serait renfermé dans les termes de l'art. 2 de la loi, et ne serait pas soumis à transcription.

Tels sont les *faits juridiques volontaires* qui obligent à la transcription des actes qui les prouvent; ce sont, on le voit, tous ceux

(1) Rapport au Corps législatif p. 10.
(2) Même rapport, loc. cit.

qui peuvent influer le plus gravement et le plus habituellement sur la propriété d'un immeuble.

Qu'il s'agisse donc de transmission, de démembrement de ce droit de propriété, ou même de bail à long terme ou de paiements anticipés pour 3 ans et au-dessus, il y a lieu, sous ce rapport, à transcription, pourvu que ces effets juridiques aient lieu *entre vifs* : — c'est la seconde condition qu'il faut étudier.

20. *Seconde condition* : « Sont transcrits, dit textuellement le § 1 de l'art. 1er, et c'est l'esprit des autres dispositions de la loi, tout *acte entre vifs* translatif, etc. »

21. Il suit de là que toute acquisition de la propriété immobilière ou de l'un de ses démembrements *à cause de mort* n'est pas soumise à la publicité : cela est clair, d'abord, pour la transmission *ab intestat* du droit de propriété, d'un droit de servitude, d'antichrèse, etc., parce que c'est la loi elle-même qui opère alors la dévolution après décès. Cela est également vrai pour la transmission ou la constitution d'un droit réel par *testament*, quoique ce défaut de publicité aille contre les vues générales de la loi, et rompe, pour ainsi dire, la série généalogique des actes investitifs et dévestitifs des droits réels immobiliers; il fut reconnu, dans les travaux préparatoires de la loi (1), qu'on ne pouvait pas convenablement paralyser le droit de tester dans la personne du testateur, par l'exigence d'une formalité postérieure à son décès et qui ne dépend point de lui, ni laisser le légataire, souvent ignorant de l'existence même du testament, à la merci de l'héritier, qui pourrait le retenir plus longtemps que le délai qu'on eût pu accorder au légataire pour faire transcrire.

22. Il faut donc qu'il s'agisse d'actes opérant leur effet juridique *entre vifs*, tels que vente, promesse de vente translative (1589), dation en paiement, échange, transaction, convention matrimoniale, contrat de société contenant constitution de droits réels, établissement volontaire d'usufruit, de servitude, contrat de louage, etc.

23. Remarquez même que certains faits juridiques, quoique passés entre vifs, ne seront cependant pas sujets à transcription, parce que, se rapportant à une mutation par décès déjà opérée, ils ne font qu'en

___

(1) Même rapport, p. 11 ; voy. *Moniteur* du 17 janvier 1855.

réaliser ou déterminer les effets ; ainsi en est-il d'une acceptation expresse de succession, qui ne fait que rendre la saisine irrévocable, ou d'un partage, même avec soulte, qui n'est qu'un acte déclaratif (1). Nous avons aussi, sous un autre rapport, dispensé la renonciation à succession de toute transcription.

24. Mais il faut aller plus loin, car voici des actes *entre-vifs* proprement dits, constatant des droits sujets à publicité et que ne régit point cependant la loi du 23 mars ; ce sont, nous l'avons déjà annoncé, les actes portant *donations entre-vifs* ou *concession administrative*, et ceux qui sont passés à l'occasion de *travaux d'utilité publique*.

25. Pour les *donations entre-vifs*, un texte, fort mal placé, il est vrai (car il semble faire partie seulement des dispositions transitoires de la loi), mais néanmoins irrécusable, en vue sans doute de la transcription déjà requise, pour les *donations* et les *substitutions fidéi-commissaires* permises, par les art. 939 et suivants, 1069 et suivants du Code Napoléon, place ces dispositions en dehors des prévisions de la loi du 23 mars. C'est le paragraphe dernier de l'art. 11 qui le décide dans les termes suivants : « Il n'est » point dérogé aux dispositions du Code Napoléon, relativement à la » transcription des actes portant donation ou des dispositions à charge » de rendre : elles continueront à recevoir leur exécution. » Ceci à un résultat fort important, car le cercle des personnes qui peuvent se prévaloir du défaut de transcription des donations et des substitutions est plus large que celui des personnes auxquelles la loi actuelle permet de se plaindre de sa propre inobservation, ainsi qu'on le verra plus bas. Il est vrai qu'il y a quelque chose de singulier à ce qu'une loi, ayant pour objet de généraliser une mesure pour le transfert de la propriété à l'égard des tiers, laisse subsister de la diversité dans son application à des matières presque analogues, et qu'elle n'ait pas saisi cette occasion de faire cesser des doutes élevés sur les articles précités du C. Nap. ; il est encore fâcheux qu'un article de renvoi aussi important n'ait fait l'objet d'aucune discussion et que sa rédaction soit confondue avec les dispositions transitoires de la loi, au lieu d'avoir été mise en saillie dans un article à part ; mais il nous paraît difficile d'échapper à la précision et

(1) Rapport, p. 14. — L'art. 2149 du projet de 3e délibération soumis à l'Assemblée législative était formel en ce sens.

à l'absolu du texte, que rien ne relie aux dispositions transitoires précédentes, et qui n'est pas complétement injustifiable d'avoir voulu
laisser à part des modes tout spéciaux de libéralité. Il faut, cependant,
ne pas exagérer cette disposition de renvoi au Code Napoléon : elle ne
regarde que les *donations proprement dites*, et non les libéralités dé-
guisées sous forme d'un contrat onéreux, en les supposant valables
selon la jurisprudence relâchée qui les valide, — ni les stipulations
pour autrui d'un droit juridique sujet à publicité, etc. Ces actes sont
soumis à la loi du 23 mars et non au Code Napoléon.

Voilà ce qui concerne, pour le moment, les *donations entre-vifs*.

26. Nous avons ajouté que les *concessions administratives* sont
également soustraites à l'empire de la nouvelle loi : il n'y a pas, il est
vrai, de texte précis qui les dispense de la transcription, mais la nature
même de ces actes, émanés du *pouvoir administratif*, l'une des
branches du POUVOIR SOUVERAIN, les place en dehors des prévisions
naturelles de la loi : lorsqu'une mine est *concédée*, lorsqu'une prise
d'eau est *accordée*, lorsqu'un atelier insalubre est *autorisé*, il n'y a
pas *transmission* d'un droit existant, ni même *concession* d'une servitude ou d'un usage dans le sens du Droit civil, mais plutôt *création
d'un droit* dont l'existence est suffisamment publiée par les formes
administratives ; ce ne seront donc que les conventions qui pourront
ensuite avoir lieu *entre particuliers*, dans la limite et avec les auto-
risations légales, à l'occasion de ces droits concédés, qui tomberont
sous l'application de la loi du 23 mars.

Quant aux actes translatifs ou constitutifs de l'un des droits qui sont
soumis à transcription, sur des immeubles appartenant à des établis-
sements publics, aux communes, aux départements, même à l'Etat, ou en
faveur de ces personnes morales sur des biens de particuliers, l'exception qui nous occupe ne serait pas applicable, *quoique ces actes soient
passés avec des fonctionnaires et souvent sous les formes administratives*. Il ne s'agit là, en effet, que de *contrats ordinaires*, régis
par le Droit civil, le même, *dans ses principes*, pour les personnes
morales que pour les particuliers : la forme administrative ne change
rien à la nature de ces actes, qui ne constatent que des *conventions
privées*, et les fonctionnaires qui y figurent, parlent, non pas en *or-
donnant*, comme le pouvoir public, mais en *stipulant et traitant*,

comme les administrateurs-gérants du *patrimoine privé* des personnes morales. — Cette décision ne sera pas contestée pour les aliénations, constitutions de servitudes, ou baux concernant les personnes morales, autres que l'Etat : on transcrira ; mais, pour se dispenser de cette formalité, dans le cas d'aliénation du *domaine de l'Etat*, on voudra se prévaloir d'une opinion qui a été émise dans ce sens par MM. les Commissaires du Gouvernement, devant la commission du Sénat, et dont le noble rapporteur a tenu note (1). Quel que soit le respect auquel a droit une telle interprétation de la loi, elle ne peut l'emporter sur les principes incontestables qui régissent les personnes morales, quant à leur patrimoine, et auxquels rien ici ne déroge. — MM. les Commissaires du Gouvernement ont déclaré que le projet de loi concerne uniquement les *contrats privés*; or, ceux dont nous parlons, vente, servitude concédée ou acquise, baux, ne sont pas autre chose. La circonstance qu'il faut une loi pour l'aliénation du domaine de l'Etat est ici sans influence, car la loi spéciale, qui est alors rendue, *autorise*, mais *ne constitue pas* la vente ; il y a d'ailleurs des cas, rares, il est vrai, mais certains, où l'aliénation domaniale n'a pas même besoin d'être autorisée législativement. (Voy. not. L., 3 mai 1841, art. 60, etc.)

Il n'est donc pas exact de dire d'une manière absolue que la loi du 23 mars 1855 est inapplicable aux *actes administratifs*, si l'on prend ces mots dans un sens *très large* et qui renferme tous les actes passés avec des *formes administratives*.

27. Mais nous pensons que les contrats de *cessions amiables*, passés administrativement avec les propriétaires dont les immeubles ont été déclarés nécessaires, par arrêté du préfet, pour des travaux *légalement déclarés* d'utilité publique, ne sont pas régis par la loi du 23 mars 1855 ; en ce point, nous adhérons à la déclaration de MM. les Commissaires du gouvernement devant la commission du Sénat (2), que : « il n'est pas dérogé à la loi du 3 mai 1841, sur l'expropriation » pour cause d'utilité publique. » Cette déclaration repose, en effet, sur les principes reçus en matière d'interprétation des lois, savoir que les lois *générales* ne dérogent pas de plein droit aux *spéciales*; or, celle du 3 mai 1841 a précisément réglé les effets des cessions amiables ci-

(1) Rapport au Sénat, p. 11.
(2) Rapport au Sénat, p. 18.

dessus, même à l'égard des tiers qui prétendraient à des droits réels, de quelque nature qu'ils soient, sur les immeubles cédés pour les travaux dont il s'agit. La même loi détermine les *conditions de publicité* à observer pour que les immeubles cédés soient affranchis de ces droits, transformés dès lors en *actions sur le prix* (art. 49, 45 et suiv. à 18 combinés) ; or, la transcription, qui a lieu sans frais (art. 58, L. du 3 mai 1841), figure dans ces conditions de publicité, mais elle n'est pas la seule, et c'est précisément parce qu'il en est question dans la loi du 3 mai 1841, que nous n'appliquons pas celle du 23 mars 1855 à ces sortes de conventions. D'après cela, quand même, outre la cession amiable des immeubles, l'acte en question contiendrait stipulation, en faveur du propriétaire dépossédé, de quelque réserve à titre de servitude ou d'usufruit partiel de ces immeubles, il n'y aurait pas une *transcription spéciale à faire*, puisqu'elle serait déjà faite, ce qui aurait un grand intérêt au point de vue fiscal, vu l'exemption des droits à payer. (Arg., art. 58 de la loi du 3 mai 1841).

Nous avons ainsi exposé les deux conditions requises (*ut suprà*) pour qu'il y ait lieu à transcrire un acte constatant des faits juridiques volontaires. Il faut : 1° que cet acte ait pour objet un droit soumis à cette publicité, et 2° qu'il ait eu lieu entre vifs et autrement que par donation, concession administrative ou cession amiable d'immeubles pour des travaux d'utilité publique.

28. Dès que ces deux conditions se rencontrent, la transcription doit avoir lieu : il importe peu que l'acte soit *authentique* ou sous *seing privé*, ainsi que cela a été reconnu après une longue discussion sur un amendement vraiment trop pessimiste (1), qui avait pour résultat de rendre désormais impraticable, avec sécurité, l'emploi pourtant si usité et souvent si commode, malgré quelques inconvénients, des actes sous seing privé. Il importe peu aussi que la convention soit faite sous *certaines modalités*, à terme ou sous condition même suspensive ; on doit remarquer, au sujet des conventions sous conditions résolutoires, que le *fait* de l'accomplissement de la condition qui réintègre le précédent propriétaire dans tous ses droits, n'est pas sujet à la *publicité par transcription* ; car il ne rentre pas dans la catégorie des actes énumérés par les art. 1 et 2 de la loi : il n'y a pas *translation nouvelle* de propriété, mais mise au néant de la première : ceci est

---

(1) Voy. Rapport au Corps législatif, p. 16. — *Moniteur* du 15 janvier 1855.

vrai, même pour l'acte par lequel l'acquéreur, à titre de réméré, reçoit ce qui lui est dû pour l'exercice du rachat, et consent à ce que le vendeur reprenne l'immeuble, pourvu que le rachat ait lieu dans les termes et délais fixés par la convention et dans les limites légales.

Telles sont les règles concernant les actes qui constatent des *faits juridiques volontaires* ; passons à ceux qui constatent des *jugements*.

N° 2. — Transcription des jugements.

29. Les art. 1 et 2 de la loi du 23 mars soumettent à la publicité par transcription :

1° Les *jugements proprement dits*, c'est-à-dire les décisions rendues sur litige, et qui déclarent l'existence d'une convention verbale, translative ou constitutive de l'un des droits réels ci-dessus énumérés, comme sujets à publicité, ou qui constatent un paiement direct ou indirect d'une somme équivalente à trois années de loyers ou fermages non échus ; 2° les *jugements* improprement dits d'*adjudication*, lesquels sont vraiment *investitifs de propriété* (art. 717, § 1 Pr.), même quand ils sont rendus sur licitation, à moins que, dans ce dernier cas, le jugement ne soit rendu en faveur de l'un des cohéritiers ou copartageants, parce qu'alors il n'a qu'un caractère purement déclaratif, comme l'aurait un simple acte de partage (883).

30. Que ces jugements soient contradictoires ou par défaut, en premier ou en dernier ressort, cela importe peu ; il faut seulement observer que lorsqu'il s'agit de jugements par défaut ou en premier ressort et que les délais de l'opposition ou de l'appel ne sont pas expirés, la transcription de ces jugemeuts n'a pas plus d'effet que celle d'une convention sous condition suspensive ; si, sur l'opposition ou l'appel, le jugement est confirmé, la publicité produira tous ses effets dès l'origine, sans qu'il soit nécessaire de transcrire le jugement ou l'arrêt définitif ; mais si on avait attendu la décision sur l'opposition ou sur l'appel pour faire la transcription, comme la publicité ne rétroagit pas à une époque antérieure à elle-même, il serait inutile de transcrire le jugement par défaut ou en premier ressort, et il faudrait seulement transcrire le jugement rendu sur l'opposition ou l'arrêt de la Cour.

31. L'une et l'autre des deux classes de jugements que la loi du 23 mars soumet à transcription exige quelques observations spéciales.

32. Quant aux *jugements proprement dits*, il faut observer que la loi ne mentionne pas ceux qui constateraient l'existence d'un bail verbal de plus de dix-huit ans ; mais cette omission, qui procède peut-être d'une fausse entente de l'art. 1715 Code Napoléon, sur les baux verbaux, ne peut prévaloir contre la pensée générale de la loi, qui soumet à transcription les *jugements*, concernant des droits pour lesquels elle exige la transcription des *actes volontaires* qui les établissent ou les modifient ; il n'y a , ce nous semble, aucune raison pour faire une différence sous ce rapport, en matière de baux.

33. Quant aux *jugements d'adjudication*, on fit remarquer, dans la commission du Sénat, que, quoique l'art. 1er de la loi comprenne *tout* jugement d'adjudication , soit sur saisie-immobilière, avant ou après folle-enchère , soit sur licitation, excepté dans le cas où l'un des co-partageants est adjudicataire, il y a cependant un jugement d'adjudication qui, sans rentrer dans cette exception spéciale, doit être dispensé de la transcription, comme n'étant pas translatif de propriété ; ce cas est celui où, sur la procédure ordinaire en purge, l'*acquéreur reste adjudicataire*, après la surenchère du dixième faite contre lui (1). L'art. 2189 du Code civil fournit sur ce point, non pas une solution positive qu'il s'agisse d'appliquer, mais un puissant argument d'analogie. Cet article, appréciant le vrai caractère de ce jugement d'adjudication, ne le considère pas comme un *titre nouveau* pour l'acquéreur, mais comme la confirmation, avec une simple augmentation de prix, de celui qu'il a déjà transcrit pour la purge ; aussi le dispense-t-il d'une nouvelle transcription et par suite d'une nouvelle purge ; le même motif doit également amener la même dispense au point de vue de la loi du 23 mars ; mais ce n'est pas , on le voit , par application de l'art. 2189 ; on peut seulement argumenter du principal motif qui l'a dicté.

34. Enfin , en matière de *travaux pour cause d'utilité publique*, si l'expropriation a été rendue nécessaire, faute de cession amiable des immeubles, un jugement la prononce ; mais, par les motifs exprimés plus haut quant à ces cessions amiables, il faut s'en tenir à la publicité organisée par la loi du 3 mai 1841, pour que ce jugement produise son effet libératoire de tout droit réel (art. 15 et suiv. — à 18), et la loi du 23 mars 1855 ne sera pas applicable.

(1) Voy. Rapport au Sénat, p. 12.

§ 3. — *A la diligence de qui, où et comment doit être remplie la
formalité de la transcription.*

35. En premier lieu, *à la diligence de qui* la transcription doit-
elle avoir lieu ?

La loi ne dit rien à ce sujet ; mais comme cette formalité est établie
pour protéger les concessionnaires ou bénéficiaires d'un droit contre
les atteintes que pourrait leur porter leur auteur par des concessions
ultérieures, il est clair que la transcription est à la charge de ceux qu'elle
intéresse, c'est-à-dire des acquéreurs, d'après les contrats ou jugements à transcrire ; il en est de même pour ceux en faveur desquels
une renonciation a eu lieu ou qui doivent en profiter ; en matière de
baux et paiements des termes anticipés, c'est le preneur qui doit faire
transcrire.

Toutefois, comme d'autres intérêts, moins importants, il est vrai, que
ceux des concessionnaires ou bénéficiaires, peuvent se rattacher pour
le concédant, notamment pour le vendeur, à la publicité de l'acte,
celui-ci peut aussi en requérir la transcription et elle sera censée
faite pour tous, sauf à s'en faire rembourser les frais par les précédents
(art. 2155 Cod. civ.).

Au reste, si la transcription intéresse des incapables, nous applique-
rons, par analogie, l'art. 940 Code civil, en tant qu'il donne mandat
aux maris, tuteurs, etc., de la requérir : les incapables eux-mêmes
seraient admis à présenter l'acte à la formalité.

36. En second lieu, *où* la transcription doit-elle être faite ?

C'est au bureau des hypothèques de la situation des biens (art. 1er),
c'est-à-dire, de l'arrondissement où ils sont situés ; si le même
contrat ou jugement renferme des dispositions sujettes à transcription
et concernant des immeubles situés en divers arrondissements, il faudra transcrire en chacun d'eux.

Il résulte de là, qu'outre la formalité de l'enregistrement qui peut
être accomplie aux bureaux de canton, il faudra en remplir une seconde au chef-lieu d'arrondissement, avec surcroît de dépenses en frais
d'expédition, de voyage, de séjour ou de correspondance. M. le rapporteur du Sénat présente un calcul, d'après lequel le mode actuel à
suivre, pour faire opérer les transcriptions, exigera, pour une vente de
200 fr., des frais représentant le revenu net de l'immeuble durant

quatre ans et demi, et des voyages équivalant à un voyage de vingt lieues (1).

C'est bien ainsi que déjà, d'après le Code civil, la chose se passe pour la transcription à fin de purge ; mais il faut remarquer que le nombre de ventes transcrites n'en dépasse pas le cinquième, tandis qu'il s'agit aujourd'hui de généraliser la mesure avec de graves conséquences pour son inobservation.

37. En troisième lieu, *comment* la formalité de la transcription doit-elle être remplie ?

La loi nouvelle ne change en rien les règles établies sur ce point par le Code Napoléon (2).

La transcription consistera donc dans la copie fidèle et *entière* sur le registre spécial à ce destiné (2181), du titre authentique ou du titre privé, produit en expédition pour le premier, et en original pour le second ; le conservateur devra d'abord inscrire sur son *registre d'ordre* des transcriptions et inscriptions (2200), les remises qui lui seront faites d'actes à transcrire ; il en donnera reconnaissance avec indication du numéro du registre et il ne pourra transcrire les actes que dans l'ordre de la remise ainsi constatée ; — une fois la transcription faite, le conservateur en donnera aussi reconnaissance au requérant (2181), avec quittance des droits et salaires, mises l'une et l'autre sur l'expédition ou sur l'acte même qui aura été présenté pour être transcrit.

D'après ce qui précède, un simple *extrait* de l'acte, dont on avait eu d'abord la pensée de se contenter, ne suffirait pas et la formalité ne serait pas censée remplie (3). Mais si un même acte contenait à la fois la constatation d'un fait juridique *soumis à publicité*, avec plusieurs autres conventions, indépendantes des premières, et *qui n'y sont pas assujetties*, il suffirait de transcrire l'acte *in parte quâ* (4) ; dans le cas où il s'agirait de droits conférés sur des immeubles situés en divers arrondissements, il suffirait de transcrire, *pour chaque immeuble*, la partie de l'acte qui le concerne, en supposant que les concessions, relatives à ces divers immeubles, ne fussent pas dépendantes les

(1) Rapport au Sénat. p. 21.

(2) Voy. instruction générale de l'administration de l'enregistrement du 23 novembre 1855, n° 2051.

(3) Compar.-Exposé des motifs, p. 11 et 12, et Rapport au Corps législatif, p. 15.

(4) *Moniteur*, 15 janvier 1855.

unes des autres, comme elles le sont, par exemple, dans le cas d'é-
change. Il en serait de même si l'acte contenait transmission de meubles
et d'immeubles ; on n'aurait à transcrire que la partie de l'acte concernant ces derniers, si la convention à ce sujet était distincte et
spéciale de l'autre ; enfin, en cas d'adjudication de divers lots immobiliers, à des personnes distinctes, nous ne voyons aucun obstacle à ce
que chaque adjudicataire ne fasse transcrire que la portion le concernant dans le procès-verbal d'adjudication.

Il ne nous paraît pas nécessaire de transcrire les *procurations*, en
vertu desquelles auraient été passés les actes sujets eux-mêmes à
transcription : quoique le mandat donne seul au mandataire le droit
de consentir au contrat d'aliénation, il ne serait pas exact de voir
dans ce mandat lui-même l'expression de ce consentement de la part
du mandant, *qui ne parlera dans l'acte que par son mandataire.*

§. 4. — *Conséquences de la transcription ou de son omission.*

38. Rappelons, avant tout, le *but* que la transcription doit atteindre, soit d'après sa nature, soit d'après la volonté certaine qu'a eue le
législateur en l'exigeant : d'une part, en elle-même, la transcription
n'est qu'une *simple formalité postérieure à la confection de l'acte,*
qu'elle doit rendre *public* ; d'autre part, cette publicité a *pour objet*
d'empêcher que ceux qui traitent avec le propriétaire apparent et actuel
d'un immeuble ne soient victimes d'aliénations ou concessions faites à
l'occasion du même immeuble, sans qu'ils aient pu ni les connaître, ni
en conjurer les effets, produits par le seul consentement. En deux mots :
de même que *l'inscription* garantit contre des charges *hypothécaires
inopinées,* de même la *transcription* doit garantir contre des aliénations ou concessions antérieures et ignorées : la lutte est établie entre
des titres divers, inconciliables entre eux, et la préférence est assurée
au premier transcrit.

Voilà donc ce que c'est que la transcription ; or, son institution ou son
extension par la loi du 23 mars 1855 n'abroge en rien les principes
du Droit commun, qui ne sont pas *directement* contraires au but
spécial que nous venons d'assigner à la transcription.

39. Voyons, d'après cela, ce qui résulte de l'observation ou de
l'inobservation de cette formalité, d'abord *entre les parties contractantes* et ensuite *vis-à-vis des tiers.*

40. Entre les *parties*, il résulte de ce qui précède deux conséquences principales :

Première conséquence : Le principe de la transmission de la propriété par le seul effet du consentement, dans les obligations conventionnelles de donner un corps certain, ne reçoit aucune atteinte entre les parties, car la transcription n'est pas une condition de *validité* du contrat (1); aussi, quoique les art. 1 et 2 s'expriment impérativement, « sont transcrits », l'accomplissement de la formalité n'en est pas moins purement facultatif (2), sauf à courir les chances qui seront signalées plus bas, pour omission de transcription. Dès lors, par exemple, le retard mis à transcrire une vente ne fournit un prétexte ni au vendeur pour retarder la livraison, ni à l'acheteur pour retarder de payer le prix, lorsque le terme fixé pour l'une ou l'autre est échu et qu'aucun autre motif légal n'en autorise la suspension.

Seconde conséquence : La transcription n'a pas d'effet *sanatoire*, c'est-à-dire, ne met pas à l'abri de toute atteinte, les actes transcrits qu'elle se borne à faire connaître ; ainsi, les vices *d'incapacité* ou de *forme*, ceux du *consentement*, la *simulation*, ne sont pas guéris par la transcription.

Donc, la transcription est sans utilité entre les seules parties contractantes, et leurs héritiers ou successeurs universels : leurs obligations sont les mêmes en l'absence de cette formalité, et son accomplissement n'ajoute rien à leurs droits respectifs.

41. Mais il en est bien autrement à l'égard des *tiers* : l'art. 3 de la loi est ainsi conçu : « Jusqu'à la transcription, les droits résul-
» tant des actes et jugements énoncés aux articles précédents ne
» peuvent être opposés aux tiers qui ont des droits sur l'immeuble et
» qui les ont conservés en se conformant aux lois. — Les baux qui
» n'ont point été transcrits, ne peuvent jamais leur être opposés pour
» une durée de plus de 18 ans. »

La paraphrase explicative de cet article consiste à dire que, quoiqu'un propriétaire ait aliéné ou démembré son droit de propriété sur un immeuble, des tiers peuvent, postérieurement à ces aliénations, et *tant que l'acte qui les constate n'a pas été transcrit*, acquérir valablement des droits réels sur le même immeuble, soit sans la partici-

(1) Rapport au Corps législatif, p. 7.
(2) Rapport au Sénat, p. 24.

pation de l'auteur de l'aliénation, comme par voie d'hypothèque légale ou judiciaire, soit même avec sa participation, si se rendant coupable de stellionat, il aliène de nouveau ou hypothèque l'immeuble dont il s'est déjà dépouillé ; si ces divers acquéreurs ou créanciers hypothécaires se sont eux-mêmes conformés aux lois, en transcrivant avant le premier acquéreur, ou en s'inscrivant pour les hypothèques soumises à inscription, avant qu'il ne transcrive, ils lui seront préférables, c'est-à-dire que cet acquéreur ne pourra leur opposer la date antérieure, quoique certaine, de sa propre acquisition, et on lui opposera au contraire son défaut de transcription. Sa situation sera, à plus forte raison, aussi peu assurée à l'égard d'acquéreurs ou créanciers hypothécaires *antérieurs* à lui, qui n'avaient pas transcrit ou inscrit quand il a lui-même acquis, mais qui se sont mis en règle en transcrivant ou s'inscrivant avant sa propre transcription ; — au contraire, *l'acquéreur qui transcrit est à l'abri contre toute prétention* à des *droits réels* sur l'immeuble qu'il a acquis, quand même ces droits résulteraient d'actes antérieurs au sien, s'ils n'ont pas été transcrits ou inscrits avant sa propre transcription.

Telle est la portée générale de l'art. 3 de la loi du 23 mars 1855 ; c'est en cela qu'elle innove radicalement sur le système du Code civil, d'après lequel, on le sait, la propriété était transmise, même à l'égard des tiers, par le seul consentement, dès que le contrat avait acquis date certaine ; toute aliénation, toute hypothèque consenties par l'ancien propriétaire, postérieurement à cette date, non seulement constituaient, comme aujourd'hui, un stellionat, mais ne conféraient aucun droit sur l'immeuble précédemment aliéné.

42. Voyons maintenant l'application détaillée de la règle nouvelle, établie par la loi du 23 mars :

1° La lutte peut exister entre *deux acquéreurs successifs du même immeuble, de la part du même vendeur, mais dont aucun n'a transcrit* : la préférence appartient au premier acquéreur : il a valablement acquis du vrai propriétaire, et, pour que son titre non transcrit pût être surpassé par un titre postérieur, ce dernier devrait être transcrit : en l'absence de cette formalité, le principe du transfert de la propriété, par le seul consentement, reçoit tout son effet normal, attendu qu'il n'y a pas de tiers *qui se soit conformé aux lois* pour le restreindre. Cela est certain *en droit positif*, et fondé en justice : le second acquéreur ne pourrait pas dire au premier : « Si vous

» aviez transcrit, je n'eusse pas acquis, et, tandis que mon omission
» de transcrire ne vous a nullement induit à contracter, il y a eu
» faute de votre part, et je ne dois pas en souffrir. » Ce langage spé-
cieux n'est pas décisif : il n'est pas ici question de faute ; le premier
acquéreur n'était pas *tenu* d'avertir les tiers de son acquisition, parfaitement légitime et régulière en elle-même ; seulement, *son intérêt
lui commandait* de prendre cette précaution, afin d'éviter les aliénations postérieures ; pour réclamer l'immeuble vendu, le premier
acquéreur n'a alors qu'à montrer son titre.

43. 2° La lutte peut exister entre *deux acquéreurs successifs du
même immeuble,* l'ayant acheté *au même vendeur,* ou l'ayant, l'un
acheté et l'autre reçu postérieurement en donation du même propriétaire ; mais *tandis que le premier n'a pas encore transcrit, le second,
plus diligent, a rempli cette formalité :* or c'est ce dernier qui est
préférable, malgré la postériorité de son titre onéreux ou gratuit (Voy.
Cassat., 3 thermidor an XIII). Il s'est conformé à la loi, après avoir
acquis, et il oppose au premier le défaut de transcription, qui l'a autorisé à supposer qu'il n'y avait pas eu d'aliénation précédente. La
mauvaise foi du vendeur ne peut nuire au second acquéreur qui, aux
yeux de la loi, est d'aussi bonne foi que le premier : cela serait également
ment vrai, quand même on prouverait qu'il avait eu connaissance de
la première aliénation autrement que par la transcription, parce que le
défaut de celle-ci, qui seule devait nantir le premier acquéreur au re-
gard des tiers, a autorisé le second à penser qu'il n'avait pas été *donné
suite* au premier contrat (arg. 1071) (1). Il ne faut pas croire cependant qu'un second acquéreur fût garanti par la transcription, lorsqu'il aurait traité, non seulement *en connaissance de la première
aliénation,* mais encore en se rendant *complice et à bon escient* du
stellionat : on le sait, la transcription n'est pas sanatoire, et la loi ne
protège pas les actes frauduleux (2).

Ainsi donc, sauf le cas de fraude, entre deux acquéreurs successifs,
tenant du même vendeur, la préférence est au premier qui a transcrit :
nous n'avons pas besoin d'observer que si la préférence était réclamée
par un simple *légataire* de l'immeuble, déjà vendu à un acheteur qui

(1) Voy. M. de Vatimesnil, *Monit.*, 16 fév. 1851. — Voy. Cass., 3 thermidor an XIII.
(2) Exposé des motifs, p. 13.

n'a pas transcrit, elle ne lui serait pas accordée : il n'a pas *contracté*
avec le défunt, qui a vraiment légué la *chose d'autrui* (1021).

44. 3° La décision qui précède sur les *deux acquéreurs successifs*,
exige un examen tout spécial en matière de *saisie immobilière*. Le
jugement d'adjudication doit être transcrit d'après l'art. 1er ; or, si
l'art. 3, selon lequel, *entre deux acquéreurs successifs*, la préférence
appartient à celui qui a transcrit le premier, devait s'appliquer aux
acquéreurs à suite de saisie, comme aux autres, il s'ensuivrait que si,
même après l'adjudication, mais tant qu'elle n'est pas transcrite,
le débiteur saisi avait aliéné l'immeuble exproprié en faveur d'un
tiers qui transcrit, celui-ci serait préférable à l'adjudicataire. Un
tel résultat heurte complétement l'art. 686 Proc., qui enlève au
débiteur, *dès la transcription de la saisie*, LE DROIT D'ALIÉNER
L'IMMEUBLE, puisqu'il tend à permettre cette aliénation, non seulement après cette transcription, mais même après l'adjudication et
jusqu'à la transcription de celle-ci ! — Nous ne saurions aller jus-
que-là, et voir, dans l'art. 3 de la loi nouvelle, une abrogation ou
modification implicite d'une règle aussi formelle que celle de l'art.
686 Pr.; voici nos motifs : 1° La prohibition d'*aliéner* existait dans
la loi du 11 brumaire an VII (art. 8), qui cependant prescrivait aussi
la transcription de l'adjudication (art. 22) ; 2° quoique la nullité de
l'aliénation *postérieure à la transcription de la saisie*, n'ait été établie qu'*en faveur des créanciers inscrits*, l'art. 687 Pr. ne relève
de cette nullité, *par le paiement de ces créanciers et du saisissant*,
que si *cette satisfaction leur est donnée* AVANT L'ADJUDICATION :
sans cela, l'adjudicataire l'emporte, et, quand même l'acquéreur désin-
téresserait alors les créanciers, il ne pourrait écarter ainsi les préten-
tions de celui-là. Comment donc pourrait-il le faire en vertu d'un
contrat, *même postérieur à l'adjudication elle-même*, parce qu'elle
ne serait pas transcrite ? 3° La préférence du second acquéreur qui
a transcrit le premier, quand l'un et l'autre sont acquéreurs sur
vente volontaire, s'explique par l'ignorance *légale* dans laquelle
il a dû être de la première aliénation, tandis que, *dès la transcription de la saisie*, la position du saisi a été légalement notoire ;
4° l'adjudicataire ne pouvant obtenir, immédiatement après l'adjudication, l'expédition du jugement à transcrire, et ayant vingt jours
pour faire les justifications de l'acquit des charges qu'il doit accomplir
avant cette délivrance (713, Pr.), il lui serait impossible d'éviter la

préférence d'un acquéreur postérieur à l'adjudication, mais qui aurait pu facilement transcrire avant lui : au moins eût-il fallu, comme on le verra plus bas pour le privilége du vendeur, accorder à l'adjudicataire un délai de précaution : la loi du 11 brumaire accordait un mois. — Ces développements, plus longs que ceux que nous donnons d'ordinaire à nos aperçus, étaient nécessaires, afin d'établir que la règle *générale* de l'art. 3, ne déroge point à la règle *spéciale* des art. 686 et suiv., qui assurent l'adjudicataire *contre toute aliénation même antérieure à elle*, mais *postérieure à la transcription de la saisie*, à partir de laquelle le saisi est incapable d'aliéner, sauf le moyen de relief à employer *avant l'adjudication*, en payant les créanciers.

45. 1° Si deux acquéreurs, de *date successive* et *n'ayant pas encore transcrit*, accomplissent cette formalité le *même jour*, la préférence appartiendra au *plus ancien en date*, quel que soit l'ordre dans lequel les actes auront été présentés au conservateur, d'après son registre des dépôts (art. 2200). L'art. 2147, qui prévoit un cas analogue pour les *inscriptions hypothécaires*, ne veut pas, et avec raison, qu'on ait égard à la *diversité des heures dans le même jour*, et admet tous les créanciers inscrits, ce jour-là, à exercer leurs droits à concurrence. Cet article ne résout pas, sans doute, la question des transcriptions, puisqu'il s'agit ici de deux droits qui ne peuvent, en aucune façon, s'exercer en concurrence, mais qui s'excluent l'un l'autre ; néanmoins cet article montre l'intention du législateur, que les indications portées par le conservateur sur son livre d'ordre, n'établissent, contrairement à ce qui a lieu pour les transcriptions de saisie-immobilière (679 Proc.), aucune priorité dans le cours de la même journée, à cause des circonstances nombreuses qui peuvent en fausser l'exactitude. La règle qui veut que la prescription se compte par jours et non par heures, n'est pas ce qui nous détermine, parce qu'il ne s'agit pas de la computation d'un délai, mais de la fixation d'un moment, à partir duquel un titre peut être opposé à un autre. Nous avons à rechercher à quel moment une formalité *matérielle* a été remplie par un fonctionnaire, qui ne peut être forcé de la remplir juste à l'instant où il en est requis, et qui, en dressant un livre d'ordre, pourrait, si ce livre faisait toute règle, donner la préférence à son gré. Voilà pourquoi nous appliquons l'art. 2147. Les deux transcriptions sont ainsi censées avoir eu lieu *en même temps*, du moins le titre dernier en date ne peut établir qu'il a été transcrit le premier : c'est donc au plus ancien d'après sa date que reste la préférence, conformément à la nature des choses ; cette date est indépendante de la transcription et fournit un moyen très rationnel de décision. Toutefois, si le second acquéreur se présentant, *en fait*, le premier à la transcription, avait pris soin de ne pas s'en rapporter *uniquement* au registre d'ordre, et avait fait constater, par acte d'huissier, l'*heure* à laquelle il a déposé son titre, cette indication devrait lui servir ; l'art. 2147 ne serait en rien violé, et le moment *précis* de l'*accomplissement de la formalité* serait connu, puisque celui du dépôt le serait, et que ce dépôt équivaut *en soi* à la formalité.

46. 5° La lutte peut exister entre *des acquéreurs successifs*, tenant l'*immeuble les uns des autres* et *dont quelques-uns seulement ont transcrit*, : ainsi, Primus vend à Secundus qui ne transcrit pas ; Secundus vend à Tertius qui transcrit, et postérieurement Primus, dont la vente à Secundus n'a pas été transcrite, revend à Quartus qui transcrit ; — lequel est préférable de Tertius ou de Quartus ? La raison de douter, en faveur de Quartus, vient de ce qu'il est préférable positivement à Secundus *qui n'a pas transcrit*, et duquel Tertius tient ses droits ; mais la raison de décider contre Quartus, en faveur de Tertius, premier transcrit, c'est que Tertius ne se prévaut nullement contre Quartus des droits que son vendeur lui aurait transmis contre celui-ci, qui, en fait et en droit, n'en avait encore aucun lors de l'acquisition par Tertius ; — ce dernier oppose seulement à Quartus qu'il a acquis d'un vrai propriétaire, qui avait réellement acheté de Primus, et que *son propre acte* d'acquisition a été transcrit *avant qu'aucun autre*, du chef de Primus, l'eût été à son encontre ; Primus ne peut, dès la transcription de Tertius opérée, rien faire contre lui.

47. 6° La lutte peut exister entre un *acquéreur* et des *créanciers du vendeur* : si l'acte d'acquisition a été transcrit, nul droit de créance, qui serait acquis postérieurement contre le vendeur, ne pourra réfléchir contre l'acquéreur, et nous verrons plus bas, sur un autre point de notre loi, que les créances hypothécaires, même antérieures à l'aliénation et sujettes à inscription, mais non inscrites avant la transcription, ne peuvent atteindre l'acquéreur ; au contraire, tant qu'il n'y a pas eu transcription, les créanciers hypothécaires du vendeur acquièrent des droits sur l'immeuble et peuvent opposer le défaut de transcription ; mais la situation n'est pas aussi favorable pour les créanciers *chirographaires*, qui n'ont pas de droit réel sur les biens du débiteur et à l'égard desquels on a eu l'intention expresse que l'aliénation fût censée consommée, même avant la transcription : les termes de l'art. 3 et la discussion de la loi sont formels en ce sens (1).

48. 7° La lutte existe entre les *créanciers du propriétaire originaire* qui, après la vente, mais avant la transcription, leur a consenti des hypothèques, et les *créanciers hypothécaires de l'acquéreur* qui n'a pas transcrit, mais lesquels créanciers de l'acquéreur ont inscrit avant ceux du vendeur ; auxquels appartient la préférence ? Aux premiers inscrits, c'est-à-dire à ceux de l'acquéreur. C'est en vain que ceux du vendeur leur opposeraient que l'acquéreur n'ayant pas transcrit, le vendeur qui leur a concédé hypothèque à eux-mêmes, était censé seul propriétaire, et qu'ainsi les hypothèques consenties par l'acquéreur sont sans valeur et ne peuvent être habilitées par une inscription, quoique antérieure à la leur ; en effet, il n'est pas exact de dire que l'acquéreur ne pût valablement consentir d'hypothèques : il était propriétaire et pouvait aliéner ; seulement si, grâce à l'omission de la transcription du titre, son vendeur a pu encore aliéner ou hypothéquer, ces derniers acquéreurs ou créanciers « qui se seront conformés aux lois, » dit l'art. 3, l'emporteront sur ceux dont les droits, émanant de l'acquéreur en retard, ne seraient pas eux-mêmes légalement formalisés ; or, dans le cas qui nous occupe, ce sont des créanciers hypothécaires ayant les uns et les autres des titres valables ; mais ceux de l'acquéreur, quoiqu'il n'ait pas transcrit, se sont inscrits avant ceux de l'ancien propriétaire ; ils doivent l'emporter, car ils se sont les premiers *conformés à la loi* (Voy. Cass. 13 brum. an XIV).

49. 8° Les solutions qui précèdent serviront de règles pour les concessions qu'un usufruitier pourrait avoir consenties, après une renonciation qu'il avait faite à son propre droit ; les concessionnaires pourraient s'en prévaloir, en opposant le défaut de transcription de la renonciation à ceux qui doivent en profiter.

50. 9° Si c'est un *preneur* qui veut opposer son bail à un acquéreur de l'immeuble, la situation exige plusieurs observations : d'abord, il est de règle qu'un bail ne peut lier un acquéreur que s'il a date certaine avant l'acquisition (1743) ; c'est une condition première à

---

(1) Voy. *Moniteur*, 17 janvier 1855. — Rapport au Corps législatif, p. 23.

laquelle notre loi ne change rien ; il ne peut donc être question que d'un bail antérieur à l'aliénation ; celui dès lors qui serait postérieur à une aliénation même *non transcrite*, ne pourrait, comme simple droit personnel, être opposé à l'acquéreur. Cela une fois vérifié, le bail qui a date certaine, antérieure à l'aliénation, et qui n'excède pas dix-huit années peut être opposé au tiers-acquéreur, sans autre formalité, pourvu que ce soit un bail ordinaire et non un bail emphythéotique, qui est toujours soumis à transcription ; l'acquéreur devra donc le subir pendant toute sa durée ; — si, au contraire, le bail excède dix-huit années, il faudra, pour que l'acquéreur soit obligé de le supporter au delà de dix-huit ans, qu'il ait été transcrit avant la date de l'acquisition. Ce qu'il y a de remarquable ici, c'est que la formalité de la transcription n'est envisagée que du côté du preneur et non de celui de l'acquéreur, parce que le preneur n'a qu'un droit personnel contre son bailleur ou ses ayants cause, et non un *droit réel* sur l'immeuble ; il n'y a pas lutte entre des droits réels, mais il y a seulement une question de loyauté et de sincérité, pour la solution de laquelle la loi sauvegarde l'acquéreur, en exigeant la transcription des baux excédant dix-huit années.

Au surplus, telles circonstances de fait que les magistrats auront à apprécier, pourront faire maintenir contre l'acquéreur le bail de plus de dix-huit années, quoique non transcrit, si ces circonstances indiquent l'intention positive de l'acquéreur d'avoir voulu *renoncer* à se prévaloir du défaut de transcription et de vouloir exécuter le bail.

D'après ce qui précède, on appliquera facilement la règle qui concerne les paiements anticipés, que le preneur voudra opposer à l'acquéreur et qui ne pourront l'être, même en matière de baux à date certaine, antérieure à l'acquisition, que pour moins de trois années, si l'on n'a eu le soin de faire transcrire les actes qui constatent ces paiements.

51. 10° Enfin, si le débat existe entre *deux locataires successifs du même immeuble*, pour plus de dix-huit années, dont le deuxième a transcrit avant le premier, la loi eût été conséquente avec son système général, en donnant la préférence à ce dernier ; mais, d'une part, le principe de l'art. 3, qui entend ne donner le droit de se prévaloir du défaut de transcription qu'à ceux qui ont acquis postérieurement des *droits réels* sur l'immeuble, exclut le locataire, même ayant transcrit ; d'autre part, le motif spécial qui a fait exiger la transcription des baux à longue durée, seulement dans l'intérêt de l'acquéreur de l'immeuble loué, conduit à penser que cette formalité est étrangère aux rapports des locataires entre eux, et que la question de préférence doit se décider d'après les principes généraux du Droit civil, qui, selon nous, assurent la préférence au premier contrat.

Telles sont les principales applications de détail, destinées à faire bien comprendre la règle posée en l'art. 3.

52. Nous ne pouvons pas cependant la quitter encore, car nous devons rappeler que ce n'est pas cet art. 3, mais les art. 941, 1070 et 1072 du Code Napoléon, qui indiquent exclusivement les personnes pouvant opposer le défaut de transcription, en matière de *donations et de substitutions.*

Or, en ce qui touche surtout l'art. 941, il faut observer que la formule par laquelle cet article désigne les tiers qui peuvent opposer le défaut de transcription au donataire, est extrêmement compréhensive : ce sont toutes les personnes *qui y ont intérêt*, et, malgré controverse, on y fait entrer les créanciers *chirographaires* du donateur, les *donataires postérieurs* et les *héritiers du donateur*, décisions qui, du moins la première et la dernière, seraient positivement exclues par l'art. 3 de la loi du 23 mars.

Telles sont donc les conséquences de l'omission de transcrire : l'acte, ainsi tenu secret, ne peut être opposé aux tiers, qui ont des droits réels, acquis sur l'immeuble avant la transcription.

53. Il faut encore, en finissant sur ce point, rappeler quelques règles de *Droit commun* qui, *malgré le texte* de la loi du 23 mars, pour quelques-uns, et, d'après *son but spécial*, pour quelques autres, doivent toujours recevoir leur application :

54. Ainsi, il résulte du texte de la loi que, *jusqu'à la transcription*, on ne peut opposer un titre *constitutif* de droit réel, à des tiers qui ont transcrit, quand même leur titre serait postérieur, et, à plus forte raison, si leur titre est antérieur. — Or, si cela était entendu d'une manière absolue, il en résulterait la conséquence suivante : c'est que l'acquéreur qui n'aurait pas transcrit, il est vrai, mais qui aurait possédé avec toutes les conditions requises pour prescrire par 30 ans, pourrait être dépossédé par un acquéreur subséquent, dont la transcription n'aurait lieu cependant que 30 ans après le titre du premier. Or, cette conséquence est inadmissible, parce qu'elle tendrait à rayer de notre Code l'*usucapion* trentenaire des immeubles, qui s'opère sans titre, ou à la faire dépendre d'une nouvelle condition que rien n'indique dans la loi, savoir : l'exigence de la transcription d'un titre duquel on peut se passer ! Mais nous convenons que l'acquéreur premier en date, ne pourrait se prévaloir contre un acquéreur postérieur qui a transcrit, de la prescription de 10 ou 20 ans pour remplacer la transcription de son propre titre : il s'agit, en effet, dans ce cas, de *s'appuyer sur un titre*, qui n'est pas émané *à non domino*, comme le suppose l'art. 2265 pour le *juste titre* qui sert de *base* à la prescription de dix ans, mais qui, *émané du vrai propriétaire*, ne peut produire *d'effet contre les tiers* qu'à charge de transcription (art. 3) ; peut-être même que désormais le délai de cette prescription, dans les cas où elle est applicable, ne courra que de la transcription du juste titre. Ce n'est donc que la prescription trentenaire qui, en l'absence de transcription, peut couvrir, envers un acquéreur postérieur qui a transcrit, le défaut de transcription par un acquéreur antérieur ; mais elle aura cette efficacité, et cela modifie le texte trop absolu de l'art. 3.

55. Voici une seconde règle de Droit commun qui restreint encore la généralité de cet art. 3 : nous croyons, en effet, que, selon l'esprit qui a dicté l'art. 941 du Code civil, que nous invoquons ici à titre d'analogie seulement, les tiers qui se trouvaient d'ailleurs chargés par mandat légal, conventionnel ou judiciaire, de faire opérer la transcription omise, ne seraient pas reçus à se prévaloir de leur négligence ou de leur fraude contre ceux qu'ils devaient protéger : mais aussi, dans le cas où la transcription ainsi omise intéressait un incapable et où le tiers qui en oppose le défaut, n'est pas de ceux qui étaient chargés de la faire opérer, nous croyons que le recours de l'intéressé contre son représentant serait la seule ressource qui lui resterait, et que, même en cas d'insolvabilité des tuteurs ou maris, les incapables ne pourraient se faire relever des suites de l'omission de transcription : nous n'invoquerons pas ici l'analogie de l'art. 942, parce que la décision de cet article a pu être dictée, en matière de donation, par la considération que l'incapable lutte d'ordinaire *de lucro captando* contre des tiers luttant *de damno vitando*, tandis qu'ici les incapables cherchent aussi à conjurer un dommage ; mais nous trouvons la raison de décider contre eux, dans la pensée de la loi qui veut que les tiers, en consultant

les registres du conservateur et les voyant libres de toute transcription,
se croyent autorisés à traiter en toute sécurité, sans qu'ils aient à
rechercher les motifs de cette absence de transcription.

56. Enfin, *le but spécial de la loi*, qui n'est que de régler les
rapports vis-à-vis des tiers et non entre les parties, nous amène à dire
que l'acquéreur ou le preneur évincé pour défaut de transcription,
par suite d'une aliénation postérieurement consentie par son auteur,
mais transcrite, a sa garantie contre le vendeur ou bailleur, pour
cause provenant de son-fait personnel (1628 et 1719) : le vendeur ne serait pas reçu à dire à l'acquéreur que s'il eût fait
transcrire, il n'aurait pas été évincé; car l'acquéreur lui répliquerait
que, vis-à-vis de lui, il n'avait pas à transcrire, et que, si lui, vendeur,
n'eût pas revendu, l'omission de transcription aurait été sans portée
nuisible contre son acquéreur.

Nous avons ainsi terminé ce qui regarde l'omission de la transcription.

57. Si, au lieu d'avoir été omise, la formalité a été accomplie
d'une *manière défectueuse*, la loi se tait; nous avons vu néanmoins
ci-dessus que la transcription d'un simple extrait ne vaut pas transcription de l'acte; cela résulte de l'obligation de transcrire l'acte
lui-même *en entier*.

Mais la transcription peut elle-même contenir des inexactitudes provenant, soit du fait du conservateur, soit de l'expédition de l'acte qu'il
a copiée ; — or, en l'absence de toute disposition légale, qui assimile
ces cas à ceux d'absence de transcription, nous ne considérerions cette
transcription comme sans effet, qu'à l'égard de ceux qui pourraient
éprouver un préjudice par suite de l'inexactitude qui aurait été
commise.

58. Nous avons ainsi exposé la partie majeure des règles résultant
de la loi, sur la publicité des faits juridiques, par voie de *transcription*.

Il y en a d'autres dont la publicité est moins solennelle. — Nous
devons en dire quelques mots.

SECTION II.

De la publicité par voie de simple mention sur les registres du conservateur.

59. L'art. 4 de la loi du 23 mars 1855 dispose : « Tout juge-
» ment prononçant la résolution, nullité ou rescision d'un acte trans-
» crit doit, dans le mois à dater du jour où il a acquis l'autorité de la
» chose jugée, être mentionné en marge de la transcription sur le
» registre. L'avoué qui a obtenu ce jugement est tenu, sous peine de
» 100 fr. d'amende, de faire opérer cette mention, en remettant un
» bordereau, rédigé et signé par lui, au conservateur, qui lui en donne
» récépissé. »

Le motif général de cette disposition est facile à comprendre :
c'est afin d'éviter qu'après que le droit, dont l'acte transcrit fait
preuve, a été résolu, annulé ou rescindé, les tiers traitant avec celui
contre lequel un jugement a été obtenu en ce sens, soient trompés
par les apparences de la transcription, s'ils ne sont pas avertis de la
résolution, nullité ou rescision, par la publicité donnée au jugement
qui l'a prononcée. — Rien n'est plus sage, mais cette règle nouvelle
exige des compléments très-essentiels.

60. 1° Cet article montre bien que, selon les principes ci-dessus,
la transcription n'a pas d'effet sanatoire, puisqu'il s'agit de résolution,
nullité ou rescision d'*acte transcrit*, — dès lors, que la partie ait
transcrit, que les tiers qui ont acheté d'elle aient également transcrit,
ce jugement les atteindra tous, d'après la règle *nemo plus juris in
alium transferre potest, etc. :* la prescription seule de 30 ans, ou de
10 et 20, selon les cas, est capable de les protéger.

61. 2° Cet effet des jugements *contre les tiers*, soit qu'on les ait
mis en cause sur la première instance, ce qui sera toujours prudent,
soit qu'on les attaque ensuite par action séparée, se produira sans contestation contre ceux qui ont acquis, *même avant toute demande* en
résolution, nullité ou rescision : le contrat primitif est censé non
avenu ; ils n'ont pas pu se parer sans doute contre cette éventualité :
mais c'est la chance de leur situation, et ce sera la cause d'une action
en garantie contre leur auteur.

62. 3° Il en sera de même, *à plus forte raison*, contre ceux qui ont traité *après la demande*, mais *avant le jugement*, quoiqu'ils n'aient pas pu se parer davantage, puisque la loi n'exige pas, comme cela a lieu en matière de révocation des donations pour cause d'ingratitude, que ces demandes soient rendues publiques. La loi belge (art. 3) a disposé en ce sens.

63. 4° Il en sera enfin de même, à bien plus forte raison encore, contre les tiers qui auraient traité avec la partie condamnée *après le jugement*, rendu public selon le mode prescrit par l'art. 4, car ils ont pu se fixer sur la vraie situation des choses. Nous allons même plus loin, et le jugement n'eût-il pas encore été publié, quoiqu'on soit dans les délais pour le faire, ou bien, la publication eût-elle été complètement omise, le jugement n'en devrait pas moins avoir ses effets *contre les tiers*. La raison de douter pourrait venir de l'intention qu'a la loi de protéger les tiers qui n'ont pas été informés par les registres du conservateur de la cessation des droits de leur auteur. La loi belge (art. 4) est rédigée en ce sens ; — mais les raisons contraires de décider résultent : 1° de ce que ce serait donner à la transcription un effet sanatoire qu'elle ne saurait produire ; 2° de ce qu'il a été formellement et très juridiquement énoncé dans les travaux préparatoires que la validité du jugement ne saurait dépendre de la publicité qu'il recevrait (1) ; 3° de la place même de l'art. 4, qui ne vient qu'après l'article majeur de la loi, où se trouve la plus énergique protection des tiers ; 4° de la simple pénalité pécuniaire prononcée contre l'avoué qui a obtenu le jugement, et à laquelle les tiers pourront joindre seulement une action en dommages ; 5° enfin, de ce que ces tiers ne sont pas plus dignes d'intérêt que ceux qui ont traité, même avant la demande, et que le jugement atteint cependant.

La publicité de l'art. 4 est donc seulement une *publicité de précaution*, et pas autre chose.

64. Cela posé, c'est *tout jugement* prononçant la *résolution*, *nullité* ou *rescision* d'un *acte transcrit*, qui doit être mentionné ; ces expressions de la loi, qui excluent le jugement rendu sur une action en revendication, n'excluent, au contraire, aucune cause de résolution,

---

(1) Voy. Rapport au Corps législatif, p. 23.

nullité ou rescision ; on pourrait penser, peut-être, que dans le cas de *condition résolutoire stipulée*, comme dans le cas de réméré, le jugement qui intervient, sur contestation relative à l'accomplissement de cette condition, et qui déclare le contrat résolu, n'est pas plus sujet à publicité que le *fait* lui-même de l'accomplissement de la condition, parce que, à vrai dire, le jugement *déclare* et ne *prononce* pas la résolution ; mais l'art. 4 est général et ses vues prudentes s'appliquent à tous ces cas. Il comprendrait aussi celui de révocation d'une donation pour *inexécution des conditions*, ce qui n'est qu'une variété de résolution ; mais nous ne l'appliquerions pas à la révocation pour ingratitude, parce que l'art. 958 y pourvoit d'une manière toute spéciale.

65. Cette disposition comprend l'arrêt de Cour impériale qui, sur appel, a réformé un jugement ayant rejeté ou déclaré mal fondée la demande en résolution, etc. — Si même le tribunal de première instance a prononcé dans le sens de la demande, et que, sur l'appel, le jugement ait été confirmé, on devra mentionner ce jugement et l'arrêt ; cela ne saurait trop grever les parties puisqu'il ne s'agit que de *simple mention* ; mais, dans ces divers cas, ce serait à l'avoué de la Cour impériale d'exécuter les dispositions de l'art. 4, ce qui, dans la pratique, pourra donner quelques embarras d'exécution.

66. Un jugement qui donnerait acte d'un acquiescement à la demande en résolution, nullité ou rescision, ainsi qu'un jugement d'*expédient,* qui prononcerait conformément à cette demande, seraient soumis à la mention ; quant au jugement d'adjudication sur folle-enchère, il ne prononce pas la résolution de la première adjudication ; c'est la loi elle-même qui enlève au premier adjudicataire le *bénéfice* de son adjudication, sauf au tribunal à en prononcer une nouvelle, que nous avons dit plus haut devoir être transcrite, mais qui pourra n'être pas mentionnée en marge de la première, sans que l'avoué encoure aucune responsabilité.

67. C'est, on vient de le voir, l'avoué qui a *obtenu* le jugement ou l'arrêt, que l'art. 4 charge de faire opérer la mention ; cet article ne parle de la remise que d'un seul bordereau, qui devra être sur papier timbré ; néanmoins, rien ne s'oppose à ce que l'avoué en présente deux, comme pour les inscriptions ordinaires : cela même pourra

avoir quelque avantage pour la suite. Dans tous les cas, le conservateur constatera d'abord la remise du ou des bordereaux dont il s'agit,
par un enregistrement, au registre de dépôt, et il opèrera ensuite, à
la date du dépôt, la mention prescrite par la loi. « Les bordereaux
» resteront déposés au bureau, ils seront classés par ordre de date et
» annotés du numéro de la transcription, en marge de laquelle la
» mention aura été faite ; s'ils sont remis en double, le conservateur
» constatera l'accomplissement de la formalité et donnera quittance,
» tant du droit de timbre du registre de dépôt que du salaire, sur l'un
» des doubles qu'il remettra à l'avoué. En cas de production d'un
» seul bordereau, il sera délivré un récépissé portant quittance du
» droit de timbre et de salaire, et le tout sur papier timbré (1). »

68. Faute par l'avoué d'avoir rempli cette formalité dans le mois,
après le jour où tout recours ordinaire contre le jugement ne peut plus
être employé, cet officier ministériel encourt l'amende ci-dessus in-
diquée de 100 fr., au paiement de laquelle la régie le forcera, par la
voie ordinaire de la contrainte, sauf opposition, etc.

69. Les simples actes volontaires d'acquiescement ou consentement
à une demande en résolution, nullité ou rescision, d'ailleurs sérieuse et
valablement formée, ne sont pas soumis à la *mention en marge* par l'art.
4, et c'est à regretter ; mais si ces actes déguisaient au fond une renonciation volontaire à un droit ou une rétrocession de la nature de celles
que les art. 1 et 2 soumettent, non seulement à la *mention*, mais à
la *transcription*, l'omission de l'opérer serait régie par les dispositions de l'art. 3, qui protégeraient les tiers ayant acquis des droits
sur l'immeuble, après les prétendus acquiescements ou consente-
ments.

Appendice à la première partie.

70. D'après l'art. 5 : « le conservateur, lorsqu'il en est requis,
délivre, sous sa responsabilité, l'*état spécial* ou *général* des transcriptions et mentions prescrites par les articles précédents ; » c'est la ré-
gularisation de la publicité. Le mot *état* de cet article semble indiquer
que le requérant peut se borner à réclamer l'*indication énumérative*

(1) Instr. gén. de l'adm. de l'enreg. du 28 nov. 1855, n° 2051.

de *tout ou partie* des transcriptions et mentions, sans être obligé de recevoir copie de tels ou tels actes, sur lesquels il veut savoir seulement s'ils ont été transcrits ; mais il peut, s'il le désire, réclamer copie à ses frais, soit entière, soit par extrait, de tous actes transcrits (2196 C. civ.).

DEUXIÈME PARTIE.

Dispositions de la loi du 23 mars 1855, sur divers points du régime hypothécaire.

71. Les règles nouvelles, que nous allons examiner, ne forment point un système d'ensemble, comme les précédentes ; le législateur a seulement réglé quatre points, fort importants, sans doute, parmi ceux que les projets de réforme hypothécaire avaient élaborés, mais qui sont isolés entre eux ; sur ces divers points, il a, en général, et sauf pour la disposition de l'art. 6, adopté les résolutions de l'Assemblée nationale de 1851.

Nous examinerons ces innovations de la loi, en expliquant séparément chacun des quatre articles qui les renferment.

SECTION I.

Explication de l'art. 6, relatif à *l'époque jusqu'à laquelle les créanciers hypothécaires ou privilégiés peuvent prendre inscription, en cas d'aliénation de l'immeuble grevé.*

72. Afin de juger exactement en quoi la loi nouvelle change la législation sur ce point, il est indispensable de tracer auparavant le tableau sommaire de son état, d'après le Code civil et le Code de procédure.

§ I. — *Etat de la question avant la loi nouvelle.*

73. Le point de départ de tout le système est celui-ci : Le droit d'hypothèque ou de privilége immobilier, dont le but final est de procurer à ceux auxquels il appartient, *une cause légitime de préférence* sur les autres créanciers du même débiteur (2094), ne peut être acquis ou constitué que tant que l'immeuble affecté se trouve dans le patrimoine du débiteur, sauf dans le cas d'une donation non transcrite.

Mais le droit, une fois légalement acquis, produit la préférence dont il s'agit, tantôt *directement* et sans avoir besoin d'invoquer ce qu'on appelle le *droit de suite*, — cela a lieu en cas d'expropriation forcée du débiteur, — tantôt après exercice du *droit de suite*, lorsque le débiteur, ayant aliéné volontairement l'immeuble, les créanciers hypothécaires exercent contre l'acquéreur *l'action hypothécaire*, pour arriver par elle au *droit de préférence*. Cela posé, voici quatre règles qui contiennent l'organisation du système dont nous venons de poser la base :

1re *Règle*. — Les priviléges immobiliers et les hypothèques sont soumis en général à la publicité pour pouvoir procurer le droit de préférence et le droit de suite. — Il n'y a qu'une double exception : quant aux priviléges, elle existe pour ceux qui sont généraux sur tous les immeubles (2101, 2107), mais elle n'a d'effet que pour le *droit de préférence seulement*, c'est-à-dire tant que le débiteur n'a pas aliéné ; quant aux hypothèques, la publicité n'est pas exigée pour celles accordées par la loi aux femmes mariées, aux mineurs ou aux interdits, et cela tant pour le droit de suite que pour le droit de préférence, pourvu que ces incapables ne soient pas mis en demeure de s'inscrire par la procédure spéciale en purge.

2me *Règle*. — La publicité, dans les cas ci-dessus où elle est requise, résulte ordinairement d'une *inscription* sur les registres du conservateur : il n'y a d'exception que pour le vendeur ou le bailleur de fonds pour acheter : leur créance privilégiée est suffisamment publiée par la *transcription* que fait l'acheteur de son contrat d'acquisition, énonçant que le prix est encore dû ; ce n'est que par mesure d'ordre et de précaution que : 1° le conservateur est tenu de prendre une *inscription d'office* pour le vendeur, à suite de la transcription ; 2° qu'à défaut de cette dernière qui, dans le système du Code civil, n'est pas nécessaire pour consolider la propriété dans l'intérêt de l'acheteur, le vendeur peut, à son choix, ou la faire opérer, ou prendre une *inscription ordinaire*.

3me *Règle*. — Tant que l'immeuble n'est pas sorti des mains du débiteur, les créanciers sont toujours à temps pour publier leur droit, et cela sans que le retard leur fasse courir aucun danger, s'ils sont privilégiés, à moins que les 60 jours accordés aux co-partageants ou les 6 mois accordés aux séparatistes ne soient écoulés, — et, s'ils sont hypothécaires, sans que ce retard leur fasse subir d'autre chance que celle de perdre leur rang de priorité.

4me Règle. — Les *modes de publicité* ci-dessus doivent être employés, en général et sauf exception, *avant que l'immeuble grevé soit sorti des mains du débiteur.* Cette règle est ici la plus importante à noter.

Elle s'appliquait, d'après le Code civil, soit aux cas *d'expropriation forcée,* soit à ceux *d'aliénation volontaire* ; mais le Code de procédure a changé cet état de choses, pour ces derniers.

Or, en combinant l'art. 2166 du Code civil avec l'art. 834 du Code de procédure, voici *jusqu'à quelle époque* les créanciers peuvent, selon les divers cas d'expropriation ou d'aliénation volontaire, publier leurs droits de *privilége ou d'hypothèque.*

Le débiteur est-il *exproprié,* c'est *avant l'adjudication* que tout créancier, soumis (*ut suprà*) à la publicité, doit être en règle : sans cela, point de préférence à l'encontre des autres créanciers. Ceci s'applique notamment au *vendeur,* qui perd *son privilége* si, son acquéreur n'ayant pas transcrit avant d'être exproprié, il n'a pas lui-même pris soin de s'inscrire avant l'adjudication. — Le Code civil n'a pas été changé en cela par le Code de procédure.

Si, au contraire, le débiteur *aliène volontairement,* tandis que le Code civil (2166) exigeait que les créanciers hypothécaires ou privilégiés fussent aussi en règle *avant l'aliénation,* pour conserver leur *droit de suite et leur droit de préférence,* l'art. 834 du Code de procédure, en vigueur jusqu'à la loi nouvelle, a modifié cette disposition ; il a accordé à ces créanciers la *faculté* de s'inscrire *dans la quinzaine de la transcription de l'acte d'aliénation,* et leur a fait une *obligation* de *s'inscrire* dans ce délai, *pour conserver le droit de suite et le droit de préférence.*

Cette situation est celle de tous les créanciers privilégiés, sauf, pour les co-partageants, le bénéfice des 60 jours depuis le partage, pour la conservation de leur droit de préférence seulement ; mais le vendeur y est soumis d'une manière absolue ; il doit, pour conserver son privilége, avec tous ses attributs *de suite* et *de préférence,* transcrire son propre acte ou s'inscrire au plus tard dans la quinzaine de la transcription de l'aliénation subséquente : il faut même remarquer que si, dans un cas pareil, les prix de plusieurs ventes successives sont dûs, la transcription du titre du dernier vendeur ne suffirait pas pour conserver le privilége des précédents, quand même leurs noms seraient relatés dans ce dernier acte (1).

Ce même art. 834 Pr. est devenu la loi de tous les créanciers à hypothèque *judiciaire* ou *conventionnelle* ou *même légale*, mais autre que celle des femmes mariées et mineurs ou interdits (2), pour la conservation de leur droit de suite ou de préférence. Ces dernières ne sont soumises à l'inscription, et encore pour leur droit de suite seulement, que sur la procédure en purge, selon l'art. 2194.

On le voit, l'art. 834 Pr. suppose, *qu'à l'égard des tiers,* et pour ce qui concerne seulement la *condition de publicité hypothécaire*, l'ancien propriétaire, contre lequel existent des créances hypothécaires ou privilégiées, ne cesse définitivement de l'être que quinze jours après la transcription de l'acte d'aliénation. Dès lors, « nul doute que l'ins-» cription prise dans le délai prescrit ne produise tous les effets que la » loi attribue aux inscriptions en général. Ainsi, le créancier inscrit » dans la quinzaine aura le droit de surenchérir pendant les délais » accordés pour la surenchère : il pourra concourir au réglement de » l'ordre. Il fera colloquer sa créance dans le rang que lui assigne la » date de son inscription... (3) »

En résumé, avant la loi nouvelle, voici quelle est la situation des créanciers hypothécaires ou privilégiés ordinaires :

L'immeuble est-il *exproprié,* — le créancier doit être inscrit *avant l'adjudication,* pour pouvoir produire à l'ordre ; — l'immeuble est-il *aliéné volontairement,* — le créancier a quinze jours, mais pas au-delà, après la transcription de l'acte d'aliénation, pour s'inscrire et pouvoir ainsi exercer ses droits.

§ 2. — *Règles de la loi du 23 mars sur les points qui précèdent.*

74. Le point de départ de la loi nouvelle n'est plus le même. Tout en n'abrogeant pas le principe de la transmission de la propriété, par le seul effet du consentement, elle l'a cependant modifié en ce sens

(1) Voy. Troplong, hypoth., 1, 284. — Persil, sur l'art. 2108, n° 2. — Zachariæ, Aubry et Rau, II, p. 174. — Cass., 14 janvier 1818. — Devill., Collection nouvelle.

(2) Voy. Carré-Chauveau, art. 834, question 2496, *quinquies.*

(3) Merlin, Tarrible, v° Insc. hypoth., § 4, n° 8.

que, *jusqu'à la transcription de tout acte d'aliénation*, comme
d'après le Code civil, jusqu'à la transcription d'une donation immobilière, le nouveau propriétaire n'est pas censé l'être à l'égard des
tiers (*ut suprà*). Il suit de là que, après s'être dépouillé et même
après l'avoir été forcément par expropriation, l'ancien propriétaire
pourra, à l'encontre de l'acquéreur ou adjudicataire qui n'a pas transcrit
et de ses ayant cause, consentir des hypothèques valables sur l'immeuble, sauf, bien entendu, qu'elles ne pourront pas nuire aux créanciers hypothécaires ou privilégiés, qui sont en règle avant l'aliénation.

75. Cela dit, voyons ce que la loi du 23 mars a fait par rapport
aux quatre règles formulées au § 1, comme le résumé de la législation
en vigueur avant elle.

76. Sur la première règle, la *nécessité de la publicité*, sauf quelques exceptions, la loi nouvelle ne change rien.

77. Sur la seconde règle, le *mode de publicité* par inscription ou
par transcription pour le vendeur, la loi nouvelle ne change encore
rien : — l'art. 2108 est toujours en vigueur, et les conservateurs de-
meurent toujours tenus de prendre l'inscription d'office dont il parle.

78. La troisième règle, qui donne *toute latitude aux créanciers
pour s'inscrire, tant que l'immeuble n'est pas sorti du patrimoine
du débiteur*, n'est pas non plus changée par l'art. 6; car il ne parle
de la position des créanciers que « à partir de la transcription », ce
qui suppose une aliénation. La seule limite de 60 jours pour les co-
partageants et de 6 mois pour les séparatistes continue d'exister, tant
qu'il n'y a pas aliénation.

79. Mais la quatrième règle, concernant l'époque *jusqu'à laquelle*
on peut s'inscrire, est modifiée considérablement par la loi nouvelle,
qu'il faut étudier ici avec grande attention.

Cette quatrième règle participe, on le sait, du *Code civil* et du *Code
de procédure*.

La partie de la règle, émanant du Code civil, oblige les créanciers,
en cas de saisie immobilière, à être inscrits *avant l'adjudication*.

La partie de la règle, émanant du Code de procédure, permet aux créanciers, *en cas d'aliénation volontaire*, et les oblige de s'inscrire dans la quinzaine de la transcription.

Or, d'après la loi nouvelle, il n'y a plus deux situations *diverses*, *sous ce rapport*, selon qu'il s'agit de saisie ou d'aliénation volontaire; désormais la règle est une; — mais ce n'est ni celle du Code civil, ni celle du Code de procédure qui a prévalu.

En effet, le texte de l'art. 6 est ainsi conçu : « § 1. A partir de la » transcription, les créanciers privilégiés ou ayant hypothèque, aux » termes des art. 2123, 2127 et 2128 du Code Napoléon, ne peu- » vent prendre utilement inscription sur le précédent propriétaire.— » § 2… (renvoi, *infrà*, nº 83), § 3. Les art. 834 et 835 du Code » de procédure civile sont abrogés. »

80. Il résulte d'abord de ces deux textes combinés, que la partie de notre quatrième règle, empruntée au Code de procédure, qui, en cas d'aliénation volontaire, accordait la quinzaine de la transcription, pour s'inscrire utilement, n'a plus de valeur. Désormais, c'est la *transcription elle-même*, sans délai supplémentaire après elle, qui arrête et fixe l'état hypothécaire de l'immeuble. — Sous ce rapport, la loi nouvelle n'est pas aussi favorable aux créanciers que la législation antérieure.

Toutefois elle ne revient pas à *toute la rigueur* du Code civil, et faisant cesser, même pour le cas de saisie immobilière, la règle qui était restée en vigueur pour ce cas et qui obligeait à s'inscrire avant l'adjudication, la loi nouvelle accorde virtuellement et dans toutes les hypothèses, *jusqu'à la transcription*, sans aucune distinction pour ce genre d'aliénation, la faculté de s'inscrire, puisque ce n'est *qu'après cette transcription*, qu'une inscription ne peut plus être utilement prise sur le précédent propriétaire.

La règle est donc désormais celle-ci : tout créancier sujet à publicité pour l'exercice de son droit hypothécaire ou privilégié, peut remplir la formalité jusqu'à la transcription de l'aliénation ou l'adjudication ; mais il ne le peut plus après cette transcription.

81. L'*extension du droit de s'inscrire jusqu'à la transcription* est la conséquence virtuelle du point de départ de la loi nouvelle, qui ne considère l'ancien propriétaire comme dessaisi à l'égard des tiers, que par la transcription de l'acte d'aliénation ; puisque cet ancien propriétaire pourrait jusque là consentir des aliénations ou hypothèques

valables, à plus forte raison les droits déjà acquis doivent-ils pouvoir
recevoir leur complément légal de publicité. Cela n'a absolument rien
d'étrange pour les cas d'aliénation volontaire, puisque avant la loi nouvelle, la faveur était bien plus étendue; mais, en matière de saisie, l'innovation est considérable sans pouvoir être contestée. L'art. 686 pr., sur
lequel nous nous sommes déjà expliqués, ne peut empêcher de prendre
inscription pour des droits existant avant l'adjudication ; il ne mettait nul
obstacle à la prise d'inscriptions jusqu'à cette époque, et il ne peut nuire
à celles qui seront prises *jusqu'à la transcription* de cette adjudication. On aurait pu avoir du doute si l'art. 6 se fût borné à abroger
les art. 834 et 835, relatifs aux seules aliénations volontaires; mais, en
présence de la généralité du § 1 de l'art. 6, aucune distinction n'est
permise, car il parle de toute aliénation sujette à transcription.

82. La *restriction du droit de s'inscrire jusqu'à la transcription, et pas au-delà,* a été l'objet de grands débats avant d'être
adoptée au Corps législatif (1) ; elle l'a pourtant été, parce qu'on a
considéré que l'inconvénient de laisser l'acquéreur qui a transcrit, en
suspens sur l'état hypothécaire de son immeuble pendant encore
une quinzaine après la transcription de son titre, n'était compensé
par aucune utilité sérieuse pour les créanciers ; ils peuvent très-bien
conjurer le danger d'une aliénation hâtive que l'emprunteur ferait de
l'immeuble hypothéqué, et qui serait transcrite *avant que l'inscription
du prêt* eût été faite, en ne comptant les fonds à l'emprunteur qu'après
l'accomplissement de l'inscription ; il est vrai que le danger ci-dessus
existe, s'il s'agit d'une hypothèque judiciaire, pour un prêt déjà fait ;
mais, outre que ces cas seront rares, le résultat a dû en être prévu par
celui qui, dès l'origine, se contente d'un acte d'obligation sous seing
privé. Il va d'ailleurs sans dire que, dans tous les cas, si l'acquéreur,
qui doit l'emporter sur tel créancier hypothécaire, était complice d'une
fraude contre ce dernier, l'action Paulienne en aurait raison, et l'article
1167 serait plus fort que la règle de l'art. 6 de la loi nouvelle (2) ;
après la transcription, nulle inscription ne peut donc être utilement prise.

83. Il y avait cependant un danger à craindre et à éviter dans
l'intérêt du vendeur ou des copartageants d'un immeuble, qui pou-

(1) Voy. *Moniteur* des 18 et 19 janvier 1855. — Exposé des motifs, p. 14.
(2) Exposé des motifs, *loc. cit.*

vaient perdre leur privilége, par une fraude de leur acquéreur ou copartageant, dont un tiers n'aurait pas d'ailleurs été complice de mauvaise foi, et contre laquelle ils n'avaient aucun moyen de se protéger si la règle nouvelle leur eût été appliquée. Un acquéreur insolvable, au lieu de se hâter de transcrire, ce sur quoi compte cependant le vendeur pour la conservation de son privilége, se hâte au contraire de revendre à un tiers, qui fait transcrire et paye avant que le vendeur originaire ait eu même le temps d'aviser; si l'absence d'inscription de ce vendeur, avant la transcription du nouvel acquéreur, eût dû lui faire perdre son privilége, la rigueur eût été excessive. La loi l'a compris, mais elle n'a voulu, et avec raison, relever de la règle du § 1 de l'article 6, que le vendeur et les copartageants auxquels un reproche de négligence ne pourrait être adressé, et, en conséquence, après des débats peu satisfaisants sur la mesure du délai à accorder à ces créanciers (1), on s'est arrêté à un terme arbitraire, celui de quarante-cinq jours depuis la vente ou le partage. Voici le texte du § 2 de l'art. 6 : « Néanmoins, le vendeur ou le copartageant peuvent utilement ins- » crire les priviléges à eux conférés par les art. 2108 et 2109 du « Code Napoléon, dans les quarante-cinq jours de l'acte de vente ou » de partage, nonobstant toute transcription d'actes faite dans ce délai. »

Le renvoi fait par cet article au Code Napoléon l'eût été plus exactement à l'art. 2103 qu'aux art. 2108 et 2109 ; car c'est l'art. 2103 qui confère les priviléges dont les autres articles indiquent le mode de conservation, que la loi nouvelle vient précisément modifier.

84. Quoi qu'il en soit, le vendeur, dont l'acquéreur direct n'a pas fait transcrire son titre, ou le copartageant peuvent s'inscrire, *après la transcription faite par l'acquéreur ultérieur* de l'immeuble vendu ou partagé, pourvu qu'il n'y ait que quarante-cinq jours depuis l'acte authentique ou privé de vente ou de partage ; la date de l'acte privé est celle du *jour où il a été passé*, et non du jour où il a été enregistré, parce que l'art. 1328 Code civ., établi *pour protéger les tiers*, ne saurait se retourner contre eux. Inscrit dans ce délai, même après la transcription, le privilége rétroagira au jour de l'acte ; mais s'il y a plus de quarante-cinq jours depuis la vente ou le partage, et que le vendeur ou le copartageant ne soit pas inscrit lors de la transcription, le privilége ne peut plus être publié et perd dès lors tous les

(1) Voy. *Moniteur* des 18 et 19 janvier 1855.

avantages dépendants de cette publicité; en cela, l'art. 2109, qui accordait soixante jours au copartageant, est positivement modifié, et tant le droit de préférence que le droit de suite se trouvent régis par le nouveau délai, lorsqu'il y a eu aliénation ultérieure, transcrite avant l'inscription du privilége.

La règle est donc celle-ci : Sauf l'exception du vendeur ou du bailleur de fonds subrogé et celle des copartageants, il faut que tout créancier hypothécaire ou privilégié, soumis à publicité, ait rempli la formalité avant la transcription de l'acte d'aliénation.

85. Si l'inscription, en vertu d'un titre de date antérieure à l'aliénation, avait lieu *le même jour* que la transcription, nous accorderions la préférence à l'inscription, par les mêmes motifs qui nous ont déjà déterminés dans le cas de deux transcriptions opérées en de pareilles conditions ; le registre d'ordre, tenu en vertu de l'art. 2200 et qui est le même pour les inscriptions que pour les transcriptions, constate seul, en règle ordinaire, le rang des remises faites au conservateur, et l'article 2147 nous avertit que, dans la durée du même jour, il n'y a pas de rang à établir d'après les énonciations de ce registre : le titre de l'inscription est antérieur ; la présomption est pour lui et le registre en question est impuissant à la détruire ; néanmoins, nous avons indiqué, pour le deuxième acquéreur qui transcrit le premier dans le même jour, un moyen d'obtenir préférence, et ce moyen pourrait encore être employé ici utilement par tout acquéreur en général, pour éviter le résultat que nous venons de signaler.

86. Dans le cas de plusieurs ventes successives, si chaque vendeur a des créanciers hypothécaires propres, et que le dernier acquéreur ait seul transcrit, voici quelle paraît devoir être la situation de ces créanciers, sur lesquels le législateur, plusieurs fois mis en demeure dans la discussion, a refusé de s'expliquer (1). Les créanciers régulièrement inscrits sur les précédents propriétaires, n'ont pas à s'occuper si l'acquéreur de leur débiteur transcrit ou non ; leur hypothèque inscrite suit l'immeuble, et ils n'ont rien à faire au sujet de la dernière aliénation, dont la transcription ne peut influer sur leurs droits ; mais, à l'inverse, les créanciers non inscrits sur un des propriétaires successifs de l'immeuble dont le dernier acquéreur n'a pas transcrit, ne

____

(1) Voy. *Moniteur* des 18 et 19 janvier 1855.

pourront s'excuser de ne l'avoir pas fait avant la transcription du dernier contrat (Cass. 5 mai 1813 et 28 mai 1807), sous prétexte que l'acquéreur de leur débiteur n'ayant pas transcrit, aucune déchéance n'a pu courir contre le droit d'inscription ; une telle excuse, si elle était admise, ruinerait tout le système de la loi, qui est de renseigner l'acquéreur ayant transcrit, sur le véritable état hypothécaire de l'immeuble, et de le rassurer contre toute inscription ultérieure. Il n'est pas même nécessaire que le dernier titre contienne l'énumération des propriétaires antérieurs : si, sous l'empire de l'art. 834 Pr., on a pu voir dans cette énumération une condition nécessaire, mais suffisante, afin de faire courir la quinzaine que cet article accordait, pour les inscriptions supplémentaires (1), cela est inutile aujourd'hui, parce que la transcription n'est plus une sorte de mise en demeure, mais une forclusion.

87. Terminons par une double observation : 1° tout ce qui précède ne regarde pas les hypothèques légales des femmes mariées, mineurs ou interdits, durant tout le temps où elles sont dispensées d'inscription, d'après le Code civil et l'art. 8 *infra* (n° 98) : elles restent dès lors soumises aux règles des art. 2194 et suiv. — 2° La déchéance résultant du défaut d'inscription avant la transcription, n'est pas applicable au cas d'aliénation par suite d'expropriation pour cause d'utilité publique. La *spécialité* de cette matière met les dispositions des art. 17 et suivants de la loi du 3 mai 1841 relatifs à cette matière, hors de toute abrogation par la loi générale du 23 mars 1855 : cette fois, l'observation de M. le rapporteur du Sénat et de MM. les Commissaires du Gouvernement est parfaitement exacte (2).

SECTION II

Explication de l'art. 7, concernant l'action résolutoire du vendeur d'un immeuble non payé.

88. Ce sujet présente une importance extrême, et l'innovation, consacrée ici par la loi du 23 mars, sera, nous le craignons, la source

____

(1) Voy. Cass., 17 octobre 1810, les notes de M. Devilleneuve, Collection nouvelle et les autorités y citées.

(1) Rapport au Sénat, p. 18.

de grands préjudices à l'égard des vendeurs, tant soit peu négligents
ou ignorants, pour la conservation de leurs droits.

89. Pour bien saisir la portée de la loi nouvelle, constatons d'abord
les règles de la législation du Code civil et du Code de procédure.

En vertu du contrat de vente, le droit principal du vendeur d'un
immeuble est d'exiger le paiement du prix et de l'exiger avec privilége,
à l'encontre des créanciers de son acquéreur, si celui-ci revend ou s'il
est exproprié.

Mais si l'acquéreur ne paye pas le prix, cette inexécution de l'o-
bligation qui lui incombait, d'après le contrat synallagmatique, donne
ouverture à une action en résolution du contrat, soit en vertu de la
condition résolutoire tacite, sous-entendue en tout contrat synallagmatique (1184 et 1654 Code Napoléon), soit en vertu d'une clause spéciale à cet égard, qu'on appelle *pacte commissoire*. Or, 1° cette action
en résolution est complétement indépendante du privilége accordé par
l'art. 2103, pour le paiement du prix, en sorte que le vendeur conserve son action sans aucune condition de publicité, tout en ayant
perdu son privilége, pour ne s'être pas inscrit, au plus tard dans la
quinzaine de la transcription de l'aliénation volontaire ultérieure, et
quand même il aurait négligé de produire dans l'ordre où il eût été
certainement payé (1). — 2° Cette action en résolution, qui existe du
vendeur à l'acheteur, comme action personnelle ou au moins comme
action mixte, produit ses effets contre les tiers acquéreurs subséquents
de l'immeuble, sauf à les mettre en cause ou à agir contre eux par
action distincte (2) ; c'est l'effet ordinaire de toute résolution *ex causâ
antiquâ*. Il y a cependant exception pour le cas où l'immeuble est
sorti des mains du débiteur par voie d'expropriation forcée : l'art. 717
Cod. Proc. dispose, en effet, que « l'adjudicataire ne pourra être trou-
» blé dans sa propriété par aucune demande en résolution fondée sur
» le défaut de paiement du prix des anciennes aliénations, à moins
» qu'avant l'adjudication, la demande n'eût été notifiée au greffe du
» tribunal où se poursuit la vente.... » — Alors, on le voit, de même
que, selon la législation du Code civil, le vendeur ne conserve son
privilége que s'il est publié avant l'adjudication sur saisie, de même,

---

(1) La Cour de cassation a rendu grand nombre d'arrêts en ce sens. — Voy. Troplong,
vente II, 660. — Zachariæ, Aubry et Ran, t. II, p. 537.

(2) Troplong, vente, art. 1654.

selon l'art. 717 Cod. Proc., il ne conserve l'action résolutoire qu'en la notifiant avant la même adjudication. L'art. 838 Cod. Proc. applique également cette exception au cas de surenchère sur aliénation volontaire. — 3° L'action en résolution dure 30 ans contre l'acheteur, et 10, 20 ou 30 ans contre les tiers, selon qu'ils ont été de bonne ou de mauvaise foi : dans le cas où la prescription peut protéger les tiers, il n'y a pas moins lieu de résoudre la vente entre le vendeur et l'acheteur, et le premier peut alors, outre le prix qui lui serait seul dû en vertu du contrat, réclamer des dommages qui pourront s'élever, non seulement au-dessus du prix , mais même au-dessus des intérêts qu'aurait pu produire ce prix; il ne s'agit pas seulement alors de dommages *pour retard dans le paiement d'une somme d'argent*, pour lesquels les intérêts seuls peuvent être dûs (1153), mais de dommages provenant de ce que, par son aliénation de l'objet vendu, l'acheteur en rend la revendication impossible, vu la prescription encourue : ce jugement emportera hypothèque judiciaire sur les autres biens de l'acheteur.

Tel est le régime de l'*action résolutoire* sous le Code civil et le Code de procédure.

90. Voici maintenant le système de la loi nouvelle.

Le privilége du vendeur est maintenu, sauf (*ut suprà*, n° 79) l'obligation, en cas d'aliénation de l'objet vendu, de prendre inscription avant cette aliénation, à moins qu'il n'y ait pas encore 45 jours depuis son contrat, cas dans lequel le vendeur a tout ce délai pour s'inscrire.

L'action résolutoire est également conservée : — et de même que, tant que l'immeuble ne sort pas des mains de l'acheteur, le vendeur n'a rien à faire pour conserver son privilége, de même, tant qu'il n'y a pas eu aliénation, l'action résolutoire demeure sauve et intacte en faveur du vendeur contre l'acheteur, si la prescription trentenaire n'est pas encourue (1).

La situation est différente dès qu'il y a eu aliénation de l'immeuble non payé.

L'art. 7 de la loi du 23 mars dispose ainsi : « L'action résolutoire » établie par l'art. 1654 du Code Napoléon, ne peut être exercée après » l'extinction du privilége du vendeur, au préjudice des tiers qui ont

______
(1) Exposé des motifs, p. 15.

» acquis des droits sur l'immeuble du chef de l'acquéreur et qui se
» sont conformés aux lois pour les conserver. »

Ceci, on le voit, n'a pour objet que de régler la position du vendeur à l'égard des tiers et non à l'égard de l'acheteur : envers celui-ci
les droits du vendeur restent ce qu'ils sont, d'après le Code civil. Il
pourra toujours poursuivre la résolution de la vente, qui aura (*ut
supra*, 4° 89) des effets ultérieurs différents, selon que, étant ou non
conservée contre les tiers, elle pourra ou non amener la réintégration
du vendeur dans la chose vendue.

Quant à ces tiers, l'art. 7 innove grandement.

91. Par *tiers* il faut entendre ici, soit les acquéreurs postérieurs
et à titre singulier de l'immeuble, soit les créanciers hypothécaires de
ceux-ci.

Tandis que, d'après le Code civil, le vendeur originaire, dont le
droit n'était pas prescrit, pouvait reprendre l'immeuble acquis par les
premiers et hypothéqué aux seconds, sans autre condition que de n'être
pas payé de son prix, la loi nouvelle ne maintient ce droit considérable au vendeur que dans les mêmes cas où il a conservé son privilége,
— hors de là, non. — Il suit de là que désormais, à l'égard des tiers,
l'action résolutoire n'est plus indépendante du privilége, mais qu'elle
lui est associée ; le motif principal de cette disposition est celui-ci : on
n'a pas voulu que les tiers fussent inopinément frappés par un droit
dont ils ont pu ignorer l'existence, dont même ils n'ont pas dû redou-
ter l'exercice, en comptant que le vendeur originaire serait payé avec
leurs deniers : si le vendeur a conservé son privilége par une inscription en temps utile, il est naturel que l'action résolutoire soit également
conservée, et les tiers verront, dans la vigilance du vendeur, un motif
suffisant pour ne pas s'endormir dans une trompeuse sécurité ; mais,
au contraire, s'il a laissé périr son privilége, pourquoi se plaindrait-il
de ce que les tiers ont cru voir dans son inertie la preuve qu'il enten-
dait se contenter du crédit personnel de son acquéreur ?

92. Cela posé, si le tiers acquéreur n'a pas transcrit, le vendeur
inscrit déjà, ou encore à temps pour s'inscrire, le sera aussi pour demander la résolution. — Le tiers ne *s'est pas*, en effet, *conformé à la
loi* pour s'assurer les droits qu'il a acquis.

Si le tiers acquéreur a transcrit, *il s'est conformé à la loi*. Il est
donc en position de lutter contre le vendeur et de lui être préféré, si

celui-ci n'a pas conservé son privilége : or, il faut voir si le vendeur
était inscrit avant la transcription, ou si, ne l'étant pas, il n'y a pas
encore 45 jours depuis son contrat ; alors tous ses droits de résolution
sont entiers ; si, au contraire, le vendeur ne s'est pas inscrit, ou si
son inscription est périmée sans renouvellement, et que les quarante-
cinq jours soient expirés, déchu qu'il est du privilége, il le sera de son
action en résolution, comme dans le cas où il aurait renoncé à son privilége. Dès lors, de même qu'il ne pourra réclamer aucune préférence
parmi les créanciers de son acquéreur, ni atteindre par le droit de suite
les acquéreurs postérieurs, de même aussi ne pourra-t-il enlever l'immeuble à ces derniers, ni à leurs propres créanciers, en vertu de la
résolution du contrat.

93. La règle nouvelle de l'art. 7 sera applicable dans tous les cas
d'action résolutoire du vendeur, pour défaut de paiement du prix, soit
qu'il y ait eu ou non pacte commissoire stipulé.

94. Tout ce qui précède regarde sans difficulté le cas où la revente
de l'immeuble a eu lieu *volontairement*. Mais il n'en faut pas conclure que les art. 717 et 838 du Code de procédure soient absorbés en
l'art. 7 de la loi, et dès lors abrogés par lui. La spécialité de l'organisation de la poursuite en saisie immobilière, dans ses rapports avec l'action
résolutoire du vendeur, nous fait penser que si le nouveau législateur
eût voulu changer les art. 717 et 838, il s'en fût exprimé formellement, comme pour les art. 834 et 835. Les travaux préparatoires
montrent qu'on a voulu appliquer aux aliénations volontaires quelque chose d'analogue à ce qui existe, depuis 1841, pour les adjudica-
tions (1), mais non remplacer l'art. 717 par de nouvelles dispositions :
or, d'après cela, la situation du vendeur est bien plus rigoureuse en
matière de saisie, qu'en matière d'aliénation volontaire. Dans celle-ci,
le vendeur perdra bien son action résolutoire avec son privilége, *mais
il ne la perdra qu'alors*, c'est-à-dire, s'il ne s'est pas inscrit *avant
la transcription du nouveau contrat* (sauf la prorogation ci-dessus
de 45 jours); dans celle-là, au contraire, le vendeur *perdra l'action
résolutoire, avant de perdre le privilége*; car il ne perdra ce privilége
que faute d'inscription *avant* la *transcription du jugement d'adjudication*, tandis qu'il perdra l'action résolutoire, d'après l'art. 717 Pr.;

(1) *Moniteur*, 19 janvier 1855.

faute de l'avoir notifiée au greffe, *avant cette même adjudication.* —
Ici le parallélisme des deux voies est rompu ; mais le texte de l'art. 7
s'y prête, car il dit bien que l'action résolutoire *ne peut être exercée
après l'extinction du privilége*, mais il ne dit pas que *tant que le
privilége sera conservé, l'action résolutoire existera.* Or, ceci est
vrai cependant en matière d'aliénation volontaire, car aucun texte ne le
dément et c'est déjà bien assez que la limitation de l'action ait été bor-
née à la durée du privilége ; mais l'art. 717 Pr. s'oppose à ce qu'il
en soit ainsi pour les expropriations, où le droit du vendeur est encore
plus restreint : il pourra s'inscrire même après l'adjudication et jusqu'à
la transcription pour conserver son privilége, mais il aura perdu son
action résolutoire, pour ne l'avoir pas notifiée avant l'adjudication. —
Ceci peut accuser un défaut d'harmonie dans notre législation ; mais,
hélas, il n'est pas le seul !

95. L'art. 7 de la loi du 23 mars ne parle, comme l'art. 717
Proc., que de l'action résolutoire du *vendeur*; tout au plus pourrait-on
l'appliquer aux cas d'échange avec soulte non payée et de dation en
paiement; mais on ne pourrait arriver jusqu'à en faire la règle des
cas de résolution qui ne se confondraient pas ainsi avec celles du
vendeur non payé, et notamment de la révocation des donations pour
inexécution des charges imposées au donataire. (1).

96. Nous signalerons, en terminant sur ce point, les graves conséquences qui découlent du rapprochement des art. 6 et 7, avec ceux
du Code de commerce (446, 447 et 448), sur les hypothèques et priviléges, obtenus ou inscrits dans les *temps suspects* d'une faillite. La
loi de 1855 ne modifie pas la loi commerciale quant aux délais accordés pour s'inscrire; le vendeur qui, même sans aliénation postérieure, laisse écouler plus de quinze jours avant de s'inscrire, et dont
l'acheteur tombe en faillite, est déchu de son privilége si son inscription, postérieure à cette quinzaine, est faite dans les dix jours précé-
dant la cessation de paiement. Or, voici ce qui en résulte : comme le
Code de commerce ne parle pas de l'action en résolution de la vente
immobilière, qui est régie par le Droit civil, la loi de 1855 nous paraît
applicable, quant à la perte de cette action par la perte du privilége,
en sorte que la faillite de l'acheteur rendra irrémédiable la condition

(1) L'art. 2103, présenté à la 3e délibération de l'Assemblée législative, appliquait
textuellement cette règle à la révocation des donations pour inexécution des charges.

du vendeur, si, y ayant plus de quinzaine depuis la vente, il ne s'est pas inscrit à une époque non suspecte.

97. Enfin, tout ce qui précède est sans application en matière d'expropriation pour cause d'utilité publique, attendu que la cession amiable ou le jugement d'expropriation purge l'immeuble de toute action en résolution, en faveur de l'Etat ou de la personne morale pour laquelle l'expropriation a lieu (art. 18, L. 3 mai 1841).

SECTION III.

Explication de l'art. 8, concernant l'inscription des hypothèques légales des femmes mariées, mineurs ou interdits.

98. Le conseil d'Etat eut à décider, le 3 mai 1812, les deux questions suivantes : « Ne conviendrait-il pas de fixer un délai dans lequel » la femme devenue veuve, ou le mineur devenu majeur, seraient » tenus de faire inscrire leurs créances sur les biens de leurs maris » ou de leurs tuteurs, pour conserver le rang de leur hypothèque lé-» gale ? — Ne conviendrait-il pas de fixer un délai dans lequel les » héritiers d'une femme ou d'un mineur seraient tenus de faire ins-» crire les créances résultant des hypothèques légales, accordées aux » femmes et aux mineurs, sur les biens des maris et des tuteurs ? »

Ces questions, qui furent posées dans l'intérêt des acquéreurs des biens grevés, furent résolues négativement, en considération de ce que la purge, organisée par le Code civil et par l'avis du conseil d'Etat du 9 mai 1807, mettait les acquéreurs à l'abri de toute atteinte de la part de ces créanciers exceptionnels. Cette double solution fut approuvée par l'Empereur, le 12 mai 1812.

Depuis lors, il a été tenu pour constant que les hypothèques légales dont il s'agit conservaient leur caractère et le bénéfice de la dispense d'inscription, même après la dissolution du mariage et la cessation de la tutelle.

Mais cet état de choses ayant provoqué de nombreuses doléances sur l'exagération de protection accordée à ces incapables, la loi nouvelle dispose (art. 8) : « Si la veuve, le mineur devenu majeur, l'interdit » relevé de l'interdiction, leurs héritiers ou ayant cause, n'ont pas pris » inscription dans l'année qui suit la dissolution du mariage ou la

» cessation de la tutelle, leur hypothèque ne date, à l'égard des tiers,
» que du jour des inscriptions prises ultérieurement. »

99. Les observations à faire ici sont fort simples :

1° Il n'y a rien de changé sur les hypothèques légales dont il s'agit, considérées en elles-mêmes. — Elles existent en faveur des mêmes personnes et pour les mêmes créances.

2° Ces hypothèques continuent d'exister avec dispense d'inscription, tant que dure le mariage ou la minorité (1), quand même le tuteur cesserait ses fonctions avant la majorité, notamment par son décès ou l'émancipation du pupille.

3° Mais dès que l'incapacité d'agir, pour protéger soi-même ses droits, vient à cesser, il a paru suffisant, quoique cela ait rencontré des dissidences (2), d'accorder à ces ci-devant incapables *une année*, pour rendre leurs droits hypothécaires publics par l'inscription ; ce délai commencera le lendemain du jour de la dissolution du mariage ou de la cessation de la tutelle, et ne finira qu'avec le dernier jour de l'année qui suivra ce commencement (2264 Cod. civ.).

Si le pupille meurt en minorité, le délai courra néanmoins contre ses héritiers, fussent-ils mineurs eux-mêmes, car il s'agit d'une déchéance ou tout au moins d'une courte prescription (Arg. 2278 Cod. civ. — 445 Proc., etc.)

4° Tant que *l'année de grâce* n'est pas écoulée, ces créanciers sont absolument dans la même position que durant leur incapacité ; quoique non inscrits, ils conservent leur droit de préférence ; leur droit de suite lui-même ne se perdra que sur la procédure spéciale en purge et faute d'inscription dans les deux mois seulement de la demeure légale, quand même l'année dont parle l'art. 8 expirerait avant ces deux mois. Toute aliénation volontaire ou forcée, même transcrite, ne leur sera donc pas opposable, faute de s'être inscrits.

5° Si, l'année étant expirée, la condition d'inscription est déjà remplie, tous les avantages d'antériorité existent encore pour ces créanciers, d'après les bases de l'art. 2135 : leurs droits rendus publics suivent sans difficulté les immeubles grevés entre quelques mains qu'ils passent ; aucune aliénation postérieure, même transcrite, ne peut non plus leur nuire ; seulement c'est désormais le mode de purge

(1) *Moniteur*, 18 janvier 1855. — Exposé des motifs, p. 17.
(2) Voy. Rapport au Sénat, p. 18.

du Droit commun, qui devra être employé vis-à-vis d'eux, et non celui qui est organisé par les art. 2193 et suivants.

6° Si, au contraire, l'année est écoulée sans inscription, l'hypothèque légale existe toujours et pour les mêmes causes ; mais désormais elle a une seule date et elle n'est censée exister que du jour de l'inscription prise ultérieurement, quelle que soit, parmi les créances énumérées en l'art. 2135, celle qu'on veut protéger par cette hypothèque.

Remarquons du reste que l'art. 8 restreint ainsi les effets de cette hypothèque « à l'égard des tiers, » sans distinction entre eux.

Ainsi, la veuve, le mineur devenu majeur, non inscrits dans le délai ci-dessus, ne pourront exercer leur droit de suite contre l'acquéreur du bien grevé, qui aura transcrit avant qu'ils aient inscrit ; — ils ne pourront pas davantage réclamer de préférence à l'encontre des créanciers hypothécaires inscrits avant eux, du chef, soit de leur débiteur direct, soit des acquéreurs des biens hypothéqués, pour des droits conférés depuis l'échéance de ce délai ; — ils sont même déchus de toute préférence contre des créanciers qui, avant l'expiration du délai, leur étaient postérieurs et que l'absence d'inscription en temps utile fait seule remonter à un rang supérieur : on ne pourrait opposer à ces créanciers, pour les laisser postérieurs aux ci-devant incapables, qu'ils ont dû s'attendre à être primés par ceux-ci, quand ils ont traité ; car si ce raisonnement est fondé tant que les créanciers préférables ont conservé leurs droits, il cesse de l'être dès qu'ils ont négligé d'observer les prescriptions légales ; sans cela, il ne serait jamais possible à des créanciers postérieurs de se prévaloir, en général, des causes, telles que péremption d'inscription, etc., qui peuvent éteindre des droits antérieurs, lesquels étaient pleins de vigueur, quand ils ont eux-mêmes accepté l'hypothèque sur l'immeuble déjà grevé ; or, cela serait contraire à tous les principes hypothécaires.

SECTION IV.

Explication de l'art. 9, concernant les cessions et renonciations en matière d'hypothèque légale des femmes mariées.

100. Le sujet auquel se rapporte cet article est l'un des plus ardus et des plus confus de la matière des hypothèques : l'explication spéciale de l'art. 9 ne nous oblige pas à l'étudier dans tous ses détails et dans les controverses qu'il a soulevées : nous renvoyons pour leur connaissance à la monographie de notre savant et regrettable maître et collègue M. Benech, sur le *nantissement appliqué aux droits et reprises de la femme sur les biens de son mari.*

Il faut observer de plus que cet art. 9 ne s'occupe taxativement que des cessions, renonciations ou autres conventions que fait une femme mariée en faveur des créanciers de son mari, au sujet uniquement de son *hypothèque légale,* et sans qu'elle cède, d'une manière distincte, *aucune de ses créances,* garanties par cette hypothèque. En effet, ce cas reste régi par le pur Code civil : le cessionnaire de cette créance jouira, comme tout cessionnaire (1692), des priviléges et hypothèques attachés à la créance, et pourra en exercer les droits contre les tiers, pourvu qu'il ait rempli la formalité de l'article 1690, l'acceptation authentique par le mari, ou la notification du transport; le cessionnaire ne sera pas plus tenu que la femme à inscrire l'hypothèque, tant que celle-ci n'y est pas elle-même obligée par l'art. 8 ci-dessus. Il sera sans doute prudent de prendre inscription ou de faire mentionner la cession en marge de celle que la femme aurait déjà prise, dans le but notamment que les diverses notifications à faire aux créanciers, ne soient plus exclusivement adressées à la femme elle-même ; mais cette inscription ou mention ne sera pas nécessaire pour que le cessionnaire ait droit de recevoir du mari ce que celui-ci devrait à la femme qui a fait la cession.

Il n'est pas non plus question ici de la cession des hypothèques ou priviléges en général ; il ne s'agit donc, sur l'art. 9, que *d'actes de dispositions* de la femme, concernant son *hypothèque légale,* considérée *en elle-même* et indépendamment des créances qu'elle garantit.

101. Or, tout en limitant ainsi son objet, la loi ne s'occupe pas *directement* de la *question principale* de savoir si la femme peut valablement *céder son hypothèque légale* ou y *renoncer,* ce qui était fort débattu ; mais elle la résout *indirectement* dans le sens affirmatif, en portant des dispositions de détail pour « les cas où les femmes mariées » peuvent céder leur hypothèque légale, etc..... », ce qui suppose bien que la chose est faisable. Or, la pratique a adopté plusieurs moyens à l'effet de faire profiter tel ou tel des créanciers du mari de l'hypothèque légale de la femme : tantôt elle *renonce* à son hypothèque légale en *faveur de tel créancier,* en tant qu'elle lui est préférable, ou elle lui *cède cette hypothèque légale,* ou enfin elle le *subroge à cette hypothèque; —* tantôt elle *cède* au créancier *tous ses droits* contre son mari ou elle le *subroge à ces droits*. Quelle est la portée finale de ces diverses conventions ? c'est ce qui est fort controversé, et sur quoi nous renvoyons au travail de M. Benech ; mais il nous a toujours paru fort difficile de voir, *en toutes ces clauses*, autre chose que la cession d'un *simple droit d'antériorité*, qui laisse la femme à sa place, sauf à ne pas nuire au créancier son cessionnaire, dont la situation dépend désormais de la conservation des droits de la femme.

Quoi qu'il en soit, et sans rien décider sur les effets de ces actes juridiques, l'art. 9 les valide implicitement, car il reproduit en diverses parties de son texte les trois dénominations de *cession, renonciation* et *subrogation*.

Toutefois, il nous avertit aussi indirectement qu'il y a des cas où les *femmes mariées ne peuvent céder leur hypothèque ou y renoncer* : or, cela fait allusion aux femmes mariées sous le régime dotal, pour ce qui regarde leurs créances dotales, protégées par la règle de l'inaliénabilité, en ce sens que la femme ne peut renoncer à l'hypothèque qui les garantit.

102. Cela posé, et ne nous occupant que des cas où les femmes mariées peuvent céder leur hypothèque légale ou y renoncer, voyons ce qu'établit pour lors l'art. 9 de la loi nouvelle.

Ses dispositions se réfèrent à deux points : 1° la forme de ces actes de cession ou de renonciation ; 2° les conditions d'où dépendent certains effets de ces actes.

103. En premier lieu, — *forme des cessions ou renonciations*. La loi, par une sage prudence qu'on appréciera, dispose : « Cette » cession ou cette renonciation doit être faite par acte authenti- » que », c'est-à-dire notarié et selon les formes ordinaires de ces actes. — Il n'y a là rien de nécessaire à ajouter, si ce n'est que c'est une heureuse innovation sur la législation du Code Napoléon.

104. En second lieu, *conditions d'où dépendent certains effets de ces actes* de cession ou renonciation.

Or, quant à ces effets *entre les parties*, il n'y a rien de spécial, et dès que la cession est valable en la forme, il ne dépend plus de la femme de rien faire qui puisse nuire à son cessionnaire, sans encourir la garantie légale.

Mais quant aux effets de la cession ou renonciation, *à l'égard des tiers*, l'art. 9 contient des règles importantes.

Les *tiers* dont il est ici question ne sont pas les acquéreurs des biens du mari, contre lesquels la participation de tel des créanciers déjà hypothécaires de celui-ci à l'hypothèque légale de la femme ne donne pas de droits nouveaux, puisque, selon nous, cette participation ne confère qu'un *droit d'antériorité* ; il s'agit donc comme *tiers*, 1° des cocréanciers de celui en faveur duquel a lieu la cession ou la renonciation ; 2° des *cessionnaires ultérieurs* de la même hypothèque légale, ou des individus envers lesquels ont eu lieu postérieurement des renonciations analogues.

Cela entendu, l'art. 9 dispose : « les cessionnaires n'en sont saisis » (de l'hypothèque légale), à l'égard des tiers que par l'inscription de » cette hypothèque prise à leur profit ou par la mention de la subro- » gation en marge de l'inscription préexistante. » Il faut donc que l'acte soit rendu public. Pourquoi dispenserait-on ces cessionnaires, qui ne sont pas sous la dépendance maritale, de remplir une formalité qui, tout en étant dans leur intérêt, prémunira aussi d'autres personnes, à qui l'ignorance de la cession pourrait nuire ? En cela, notre article innove très-sagement sur le Code civil qui n'exigeait pas cette publicité. Il est vrai que l'art. 1690, qu'il était prudent d'appliquer à ses actes, quoiqu'ils ne soient pas de *vraies cessions* de créances, fournissait un moyen d'avertir et de lier le mari débiteur ; mais la formalité de la loi nouvelle est toute autre et vient s'ajouter à l'art. 1690, dont les précautions sont insuffisantes pour avertir les tiers.

La loi n'indique pas la marche à suivre pour faire opérer les *simples mentions* dont parle l'art. 9 : on pourra déposer un bordereau, comme pour la mention exigée par l'art. 4 ci-dessus ; mais rien ne l'exige ; il suffirait légalement de se présenter à la conservation, porteur de l'acte de cession et de former, même verbalement, une demande qui serait enregistrée sur le registre de dépôt.

105. L'inscription ou la mention en marge est donc nécessaire pour que le cessionnaire soit *saisi à l'égard des tiers*, dit l'art. 9. Cela a une véritable importance pour les cessionnaires postérieurs auxquels la femme aurait pu accorder son droit d'antériorité, mais qui ne pourront l'emporter sur celui qui aura exécuté l'art. 9, — au contraire, il ne paraît pas que les cocréanciers de la femme, qu'elle prime, mais qui primeraient, par leur rang, celui d'entre eux qui est dévenu cessionnaire de la femme, puissent rien gagner à l'omission de la formalité dont s'agit. Par rapport à eux, et tant qu'il n'y a pas eu inscription, la femme est censée n'avoir rien perdu de ses droits : c'est elle qui produira dans l'ordre et elle les primera, sauf à se régler avec son cessionnaire. Les cocréanciers ne pourront, en empruntant à quelques jurisconsultes romains un raisonnement dont divers textes fournissent la trace (Gaïus, II, § 35 ; III, § 85, Inst. de Justin., *de usuf.*, § 3, *in medio*), exclure en même temps la femme et le cessionnaire, en disant que la première *a renoncé à son droit*, et que le second *n'en est pas légalement saisi* : car la renonciation est par rapport à eux, *res inter alios acta*, et n'a jamais eu en vue d'améliorer leur propre situation.

106. Lorsque la valeur des créances de la femme contre le mari est suffisante pour remplir ce qui est dû à tous les créanciers en faveur desquels la femme a fait successivement des cessions ou renonciations, la lutte entre eux est sans intérêt ; ils produisent en leur propre nom et demandent collocation au rang de la femme ; mais si les droits de la femme sont insuffisants, la loi nouvelle n'appelle pas tous ces cessionnaires au marc le franc ; elle établit entre eux un ordre de préférence, ainsi fixé : « les dates des subrogations ou men-
» tions déterminent l'ordre dans lequel ceux qui ont obtenu des
» cessions ou renonciations exercent les droits hypothécaires de la
» femme. »

Ce n'est donc pas la *date des actes*, mais celle des *inscriptions ou mentions* qui déterminent le rang ; cela est la conséquence de la saisine exclusive qui est attachée à l'accomplissement de la formalité. C'est « afin d'assurer, selon le vœu de cette disposition, le rang de
» chaque cessionnaire, » que l'*instruction générale* du 24 novembre 1855 déjà citée, veut que « les conservateurs fassent enregistre-
» ment au registre de dépôt, comme pour les inscriptions, des de-
» mandes de mention de subrogation. »

Si plusieurs cessionnaires de date différente ont accompli la formalité *le même jour*, nous appliquerions parfaitement l'art. 2147 qui est ici dans son sujet, et nous les admettrions à concurrence.

C'est là tout ce que la loi nouvelle dit sur cette matière si difficile des cessions de l'hypothèque légale de la femme mariée ; quant à l'effet de ces actes en eux-mêmes, il reste, selon nous, *simple concession du droit d'antériorité*, soumis à toutes les conditions de conservation imposées à la femme elle-même.

CONCLUSION.

107. Tel est l'aperçu sommaire des règles nouvelles de Droit
civil, résultant de la loi du 23 mars 1855; nous avons rencontré de
graves difficultés sur notre route, et ce n'est qu'avec hésitation que
nous avons souvent opté pour les solutions que nous avons formulées;
puisse la concision que nous devions observer, n'avoir pas nui à la
clarté de notre exposition !

Nous avons cru devoir être très-sobres en fait d'observations criti-
ques. — A quoi bon, dès la promulgation d'une loi, sembler vouloir
en affaiblir l'autorité ? Nous ferons toutefois observer que M. le
Rapporteur du Sénat a signalé, à la sollicitude du Gouvernement, un
des écueils, que l'application de la loi, en ce qui concerne la transcription, va nécessairement rencontrer. En parlant des calculs statisti-
ques dont nous avons parlé, dès le début de ce travail, le noble Séna-
teur constate, que, selon le mode et le taux actuels, la transcription,
appliquée généralement à toutes les ventes, ferait supporter à 800,000
ventes, de 600 fr. et au-dessous, qui forment les deux tiers des ventes
immobilières et dont un huitième seulement est actuellement transcrit,
un impôt qui égale, en moyenne, le revenu net de l'immeuble pendant
quatre ans et demi, et plus encore pour les ventes de 100, de 50, de
20 francs. Or, en présence d'une telle charge, les petits propriétaires
« apprécieront-ils, du moins, les avantages de la transcription ? Oui
» elle est un bienfait pour les institutions de crédit foncier, pour la
» grande propriété, qui ont besoin de garantir leurs capitaux contre
» toutes les tentatives de la fraude. Mais, arrive-t-il souvent, à l'ha-
» bitant des campagnes, qui achète un terrain, au prix de 20, 50, 100,
» 200 francs, de le payer deux fois, parce qu'on l'aura déjà vendu ou
» hypothéqué à d'autres ? Ne vit-il pas paisiblement, depuis un demi-
» siècle, sous la protection du Code Napoléon ? »

« La loi actuelle n'est que facultative, continue le rapport au
» Sénat; elle ne sera presque jamais exécutée pour toutes les ventes
» d'un prix minime. Et alors quels en seraient les résultats ? La loi
» aurait consolidé la grande propriété, mais elle aurait ébranlé la pe-
» tite, en enlevant aux titres qui lui servent de fondement toute leur
» valeur à l'égard des tiers; la condition de quelques centaines de
» mille propriétaires serait améliorée; mais que deviendrait celle de
» ces millions de propriétaires de campagnes, auxquels la France,

» nous ne saurions trop le répéter, est en grande partie redevable
» de sa richesse et de sa force ? Cela est-il juste, cela est-il politi-
» que (1) ? »

Après avoir ainsi posé la question, le Rapporteur conclut qu'il y a
cependant moyen de faire jouir toute la propriété immobilière des
avantages de la publicité, sans les acheter si chèrement ; dans ce but,
le vœu est émis que la transcription des actes ait lieu en même temps
que leur enregistrement, toutes les fois que celui-ci a lieu au bureau
de la situation de l'immeuble, — et que le tarif des droits soit com-
biné de manière à éviter toute aggravation d'impôts. Qu'on ne sur-
charge pas la propriété en cherchant à l'améliorer !

Après ces réflexions, nous n'avons rien à ajouter, si ce n'est qu'un
décret du 24 novembre 1855 a apporté quelque tempérament au
taux des salaires précédemment alloués aux conservateurs pour les
transcriptions.

(1) Rapport au Sénat, p. 21 et suiv.

Dispositions transitoires.

108. L'art. 11 de la loi du 23 mars 1855 contient, dans ses quatre premiers paragraphes, une série de dispositions destinées à ménager la transition entre cette loi et la législation précédente.

Nous n'avons pas le projet de rechercher et de résoudre toutes les difficultés pratiques dont l'application de cet article transitoire pourra devenir l'occasion; nous avons déjà dit que, selon nous, il vaut mieux attendre que susciter les embarras d'interprétation, qu'une loi nouvelle peut rencontrer.

Néanmoins, comme l'exposition simple et précise des volontés du législateur est, à nos yeux, le meilleur moyen d'éviter la plus grande partie de ces difficultés, nous allons formuler les diverses règles posées expressément ou implicitement par l'art. 11, en nous bornant à indiquer les résultats généraux et immédiats qui nous paraissent en découler.

1re RÈGLE. — Les art. 1, 2 et 3 de la loi du 23 mars ne sont pas applicables aux actes ayant acquis date certaine et aux jugements rendus avant le 1er janvier 1856. Leur effet est réglé par la législation, sous l'empire de laquelle ils sont intervenus (art. 11, § 1).

Conséquences de la règle.

1° Tout acquéreur de propriété immobilière ou de droits réels, susceptibles ou non d'hypothèques, en vertu d'un acte authentique antérieur au 1er janvier 1856, ou en vertu d'un acte sous-seing privé, ayant acquis date certaine avant cette époque, par l'un des moyens indiqués dans l'art. 1328 du Code civil, est *saisi* de son droit, *même à l'égard des tiers*, sans faire transcrire son acte.

Au contraire, si l'acte sous-seing privé n'a pas reçu date certaine avant le 1er janvier 1856, quoique, en fait, il soit antérieur à cette époque, l'acquéreur doit craindre l'effet de tout acte émanant de son auteur, même postérieurement au sien, *mais transcrit avant ce dernier*, et qui serait de nature à lui porter atteinte : l'acquéreur ne sera dès lors en sûreté qu'après avoir non seulement fait *enregistrer* son acte après le 1er janvier, mais encore après l'avoir fait *transcrire*.

2° Tout bénéficiaire d'un acte de renonciation, ayant date certaine avant le 1er janvier 1856, n'a rien à craindre, même sans transcription, des concessions que l'auteur de la renonciation pourrait faire postérieurement à cet acte, telles que seraient les hypothèques consenties par un usufruitier, sur l'usufruit auquel il aurait déjà valablement renoncé.

Au contraire, si l'acte de renonciation n'a pas date certaine, quoique, en fait, il soit antérieur au 1er janvier 1856, le nu-propriétaire aura à craindre, jusqu'à la transcription de l'acte de renonciation, toutes les concessions hypothécaires, émanant de l'usufruitier.

3° Le jugement qui, avant le 1er janvier 1856, a déclaré l'existence d'une convention verbale, constitutive ou translative d'un droit réel immobilier, produira tout son effet, sans avoir besoin d'être transcrit.

Au contraire, tout jugement pareil, rendu postérieurement au 1er janvier, est soumis à la transcription, quand même la demande aurait été formée avant cette époque.

4° Tout jugement d'adjudication sur saisie immobilière ou sur licitation, en faveur d'un autre que l'un des co-partageants, rendu avant le 1er janvier 1856, produit son effet translatif, sans avoir besoin d'être transcrit.

5° Tout bail ayant une date certaine, antérieure au 1er janvier 1856, peut être opposé aux tiers, par exemple, à l'acquéreur de l'immeuble loué ou affermé, *pour toute sa durée*, même au-delà de 18 ans.

Au contraire, tout bail sans date certaine, antérieure au 1er janvier 1856, fût-il enregistré après cette époque et avant l'aliénation de l'immeuble, ne sera opposable à l'acquéreur, pour une durée excédant dix-huit années, que si le preneur le fait transcrire, avant la transcription de l'acte d'acquisition.

6° Tout acte ayant date certaine et tout jugement rendu avant le 1er janvier 1856, et constatant, même pour un bail à longues années, quittance ou cession d'une somme pour loyers ou fermages anticipés, seront opposables, sauf les cas de fraude, à l'acquéreur de l'immeuble, quel que soit le nombre de ces termes payés d'avance.

Au contraire, quand même il s'agirait d'un bail, ayant date certaine antérieure au 1er janvier 1856, tout acte de quittance ou cession de termes anticipés, qui n'aurait pas *lui-même* date antérieure à cette époque, ne pourra être opposé à l'acquéreur pour une somme équivalente à trois années, que s'il a été transcrit avant la transcription de l'acte d'acquisition.

2ᵉ RÈGLE. — *L'art. 4 de la loi du 23 mars n'est pas applicable à l'espèce de jugements dont il s'occupe, s'ils ont été rendus avant le 1er janvier 1856.*

Conséquences de la règle.

Le jugement qui a prononcé, avant le 1er janvier 1856, la résolution, la nullité ou la rescision d'un acte, même transcrit, n'est pas soumis à l'obligation de la publicité par voie de mention ou de transcription du jugement, sur les registres du conservateur.

Au contraire, les jugements rendus après le 1er janvier 1856, et prononçant la résolution, la nullité ou la rescision d'un acte, ayant même date certaine antérieure à cette époque, sont soumis à être mentionnés en marge de cet acte, s'il a été transcrit, ou à être transcrits eux-mêmes, si l'acte ne l'a pas été, le tout dans le mois à dater du jour où ces jugements ont acquis l'autorité de la chose jugée (art. 11, § 3).

3e RÈGLE. — *L'art. 6 de la loi du 23 mars est applicable même aux actes ayant date certaine antérieure au 1er janvier 1856.*

Conséquences de la règle.

1° Tout créancier hypothécaire ou privilégié soumis à inscription, en vertu de titres, même antérieurs au 1er janvier 1856, et qui ne sera pas inscrit *lors de la transcription* de l'acte d'aliénation de l'immeuble affecté, ne pourra plus utilement s'inscrire ; il ne pourra pas invoquer la quinzaine de grâce que l'art. 834 Proc., en vigueur lors de la constitution de son droit, accordait pour s'inscrire après la transcription de l'acte d'aliénation volontaire.

Néanmoins, si cette aliénation a eu lieu avant le 1er janvier 1856, et si l'acte a été transcrit avant la même époque, les créanciers antérieurs auront pu utiliser la quinzaine de grâce, non encore expirée au 1er janvier, et s'inscrire après cette dernière date, pourvu que ce soit durant la quinzaine ; s'ils ont eu l'imprudence de la laisser expirer sans prendre inscription, il ne leur servira de rien que l'acte ait été transcrit sous l'empire de l'art. 834, puisque le délai accordé par cet article est lui-même écoulé.

2° Le vendeur ou le copartageant, qui n'auront pas pris inscription antérieurement au 1er janvier 1856, perdront leur privilége, si, après cette date, ils n'ont pas rempli la formalité avant la transcription de l'acte de revente, consentie par l'acquéreur ou le copartageant.

Néanmoins, ces deux classes de créanciers privilégiés peuvent utilement inscrire leurs priviléges résultant d'actes antérieurs au 1er janvier 1856, même après la transcription d'une aliénation postérieure, pourvu qu'il n'y ait pas plus de quarante-cinq jours, depuis la date de ces actes.

4e RÈGLE. — *L'art. 7 de la loi du 23 mars est applicable à l'action résolutoire du vendeur, contre des actes de vente ayant date certaine antérieure au 1er janvier 1856, sauf une mesure à prendre par le vendeur qui a déjà perdu son privilége.*

Conséquences de la règle.

Le vendeur, en vertu d'un acte ayant date certaine antérieure au 1er janvier 1856, qui, *n'ayant pas encore perdu son privilége* à cette date, aura négligé de le conserver, après cette époque, en se conformant à la règle précédente et en produisant dans l'ordre, perdra aussi son action résolutoire, en même temps que son privilége.

Quant au vendeur *dont le privilége était déjà perdu au 1er janvier 1856*, mais qui, d'après la législation du Code Napoléon, conservait l'action résolutoire, la loi nouvelle a pris une mesure qui, sans le laisser jouir de toute la latitude accordée par le Code civil, laisse à ce créancier le temps de régulariser sa position. Il doit, pour conserver son action résolutoire vis-à-vis des tiers, la faire *inscrire* au bureau des hypothèques, dans le délai de six mois, à partir du 1er janvier 1856, c'est-à-dire avant le 1er juillet 1856 (art. 11, § 3). — Cette inscription, dont la loi n'indique pas la forme, aura lieu le plus souvent sur production d'un ou de deux bordereaux et selon le mode ordinaire; mais cela n'est pas absolument nécessaire : la réquisition, même verbale et accompagnée de la représentation de l'acte de vente, pourra être consignée sur le registre de dépôt, et puis le conservateur fera l'inscription à sa date.

5e RÈGLE. — *L'art. 8 de la loi du 23 mars est applicable aux femmes mariées, devenues veuves avant le 1er janvier 1856, et aux mineurs devenus majeurs ou aux interdits relevés de l'interdiction, avant la même époque, ainsi qu'à leurs héritiers et ayant cause.*

Conséquences de la règle.

Ces personnes doivent donc *prendre inscription*, pour pouvoir utiliser leur hypothèque légale.

Seulement, la loi (art. 11, § 4) leur accorde l'année 1856 *toute entière* pour prendre cette inscription. A défaut d'inscription dans ce délai, l'hypothèque légale ne prend rang que du jour où elle est ultérieurement inscrite, et si dès lors une aliénation des immeubles qu'elle grève a lieu et est transcrite avant que l'inscription ne soit prise, l'immeuble est affranchi de l'affectation hypothécaire elle-même.

6e RÈGLE. — L'art. 9 de la loi du 23 mars n'est pas applicable aux actes ayant acquis date certaine avant le 1er janvier 1856. Leur effet est réglé par la législation sous l'empire de laquelle ils sont intervenus (art. 11, § 1).

Conséquences de la règle.

1° Les actes de cession, renonciation ou subrogation consentis par une femme mariée, au sujet de son hypothèque légale, sont *valables*, quoique passés sous la forme d'*actes sous-seing privé*, si ces actes ont date certaine avant le 1er janvier 1856.

Au contraire, de telles cessions, etc., sous-seing privé, sans date certaine avant le 1er janvier, quoique, en fait, passées avant cette époque, sont sans valeur en faveur des cessionnaires, et leur enregistrement, suivi d'inscription après cette époque, ne les guérirait pas.

2° Ces actes, ayant date certaine avant le 1er janvier 1856, ont saisi les cessionnaires envers les tiers, sans avoir besoin d'être inscrits, si ce n'est en cas de viduité, où l'inscription doit être prise dans l'année (art. 8 et *règle précédente*), afin de pouvoir conserver la priorité de la femme, à l'encontre des autres créanciers du mari.

3° L'ordre dans lequel ceux qui ont obtenu ces cessions ou renonciations, par actes ayant date certaine avant le 1er janvier 1856, doivent exercer *entre eux* les droits hypothécaires de la femme, est déterminé par les principes du Code civil; il en serait ainsi quand même ces cessionnaires se seraient déjà fait inscrire ou mentionner en marge de l'inscription, ou se conformeraient, après le 1er janvier, à cette formalité de l'inscription ou de la mention, rendue obligatoire par l'art. 9, pour les cessions postérieures au 1er janvier : c'est la date certaine des cessions qui fixera le rang des créanciers hypothécaires du mari qui les auront obtenues (Cass., 8 août et 13 nov. 1854).

S'il y a concours entre des cessionnaires dont le titre a date certaine antérieure au 1er janvier 1856, et d'autres cessionnaires postérieurs à cette époque, ceux-là n'auront aucune condition de publicité à remplir pour conserver leur antériorité sur ceux-ci.

LOI

Du 23 mars 1855

SUR LA TRANSCRIPTION.

ARTICLE Ier. Sont transcrits au bureau des hypothèques de la situation des biens,

1° Tout acte entre-vifs, translatif de propriété immobilière ou de droits réels susceptibles d'hypothèques ;

2° Tout acte portant renonciation à ces mêmes droits ;

3° Tout jugement qui déclare l'existence d'une convention verbale de la nature ci-dessus exprimée ;

4° Tout jugement d'adjudication, autre que celui rendu sur licitation au profit d'un cohéritier ou d'un copartageant.

ART. 2. Sont également transcrits :

1° Tout acte constitutif d'antichrèse, de servitude, d'usage et d'habitation ;

2° Tout acte portant renonciation à ces mêmes droits ;

3° Tout jugement qui en déclare l'existence en vertu d'une convention verbale ;

4° Les baux d'une durée de plus de dix-huit années ;

5° Tout acte ou jugement constatant, même pour bail de moindre durée, quittance ou cession d'une somme équivalente à trois années de loyers ou fermages non échus.

ART. 3. Jusqu'à la transcription, les droits résultant des actes ou jugements énoncés aux articles précédents ne peuvent être opposés aux tiers qui ont des droits sur l'immeuble et qui les ont conservés en se conformant aux lois.

Les baux qui n'ont point été transcrits ne peuvent jamais leur être opposés pour une durée de plus de dix-huit ans.

ART. 4. Tout jugement prononçant la résolution, nullité ou rescision d'un acte transcrit, doit, dans le mois à dater du jour où il a acquis l'autorité de la chose jugée, être mentionné en marge de la transcription faite sur le registre.

L'avoué qui a obtenu ce jugement est tenu, sous peine de 100 fr. d'amende, de faire opérer cette mention, en remettant un bordereau rédigé et signé par lui au conservateur, qui lui en donne récépissé.

ART. 5. Le conservateur, lorsqu'il en est requis, délivre sous sa responsabilité, l'état spécial ou général des transcriptions et mentions prescrites par les articles précédents.

ART. 6. A partir de la transcription, les créanciers privilégiés ou ayant hypothèque, aux termes des art. 2123, 2127 et 2128 du Code Napoléon , ne peuvent prendre utilement inscription sur le précédent propriétaire.

Néanmoins, le vendeur ou le copartageant peuvent utilement inscrire les priviléges à eux conférés par les art. 2108 et 2109 du Code Napoléon ; dans les quarante-cinq jours de l'acte de vente ou de partage, nonobstant toute transcription d'actes faits dans ce délai.

Les art. 834 et 835 du Code de procédure civile sont abrogés.

Art. 7. L'action résolutoire établie par l'art. 1654 du Code Napoléon ne peut être exercée après l'extinction du privilége du vendeur, au préjudice des tiers qui ont acquis des droits sur l'immeuble du chef de l'acquéreur, et qui se sont conformés aux lois pour les conserver.

Art. 8. Si la veuve, le mineur devenu majeur, l'interdit relevé de l'interdiction, leurs héritiers ou ayant cause, n'ont pas pris inscription dans l'année qui suit la dissolution du mariage ou la cessation de la tutèle, leur hypothèque ne date, à l'égard des tiers, que du jour des inscriptions prises ultérieurement.

Art. 9. Dans les cas où les femmes peuvent céder leur hypothèque légale ou y renoncer, cette cession ou renonciation doit être faite par acte authentique, et les cessionnaires n'en sont saisis à l'égard des tiers que par l'inscription de cette hypothèque prise à leur profit, ou par la mention de la subrogation en marge de l'inscription préexistante.

Les dates des inscriptions ou mentions déterminent l'ordre dans lequel ceux qui ont obtenu des cessions ou renonciations exercent les droits hypothécaires de la femme.

Art. 10. La présente loi est exécutoire à partir du 1er janvier 1856.

Art. 11. Les art. 1, 2, 3, 4 et 9 ci-dessus ne sont pas applicables aux actes ayant acquis date certaine et aux jugements rendus avant le 1er janvier 1856.

Leur effet est réglé par la législation sous l'empire de laquelle ils sont intervenus.

Les jugements prononçant la résolution, nullité ou rescision d'un acte non transcrit, mais ayant date certaine avant la même époque, doivent être transcrits conformément à l'art. 4 de la présente loi.

Le vendeur dont le privilége serait éteint au moment où la présente loi deviendra exécutoire pourra conserver vis-à-vis des tiers l'action résolutoire qui lui appartient, aux termes de l'art. 1654 du Code Napoléon, en faisant inscrire son action au bureau des hypothèques, dans le délai de six mois, à partir de la même époque.

L'inscription exigée par l'art. 8 doit être prise dans l'année, à compter du jour où la loi est exécutoire ; à défaut d'inscription dans ce délai, l'hypothèque légale ne prend rang que du jour où elle est ultérieurement inscrite.

Il n'est point dérogé aux dispositions du Code Napoléon, relatives à la transcription des actes portant donation ou contenant des dispositions à charge de rendre ; elles continueront à recevoir leur exécution.

Art. 12. Jusqu'à ce qu'une loi spéciale détermine les droits à percevoir, la transcription des actes ou jugements qui n'étaient pas soumis à cette formalité avant la présente loi est faite moyennant le droit fixe d'un franc.

6

État des droits, salaires et frais à payer au bureau de la Conservation des hypothèques, pour les principaux actes sujets à transcription.

NATURE DES ACTES.	DROITS DE TRANSCRIPTION POUR L'ÉTAT.	SALAIRES ET FRAIS.
1re CATÉGORIE D'ACTES.		
1° Translation de propriété, constitution ou translation de droits réels, susceptibles d'hypothèques, par donation, vente ou titres analogues (Art. 939 C. N. — L. 23 mars 1855, art. 1). 2° Jugement d'adjudication sur licitation en faveur d'un autre que l'un des co-partageants (L. 23 mars 1855, art. 1)	*Un franc*, droit fixe. (*) (L. 28 avril 1816, art. 61). Plus *deux décimes*. (L. 6 prair. an 7, et 14 juillet 1855).	Dépôt de l'acte. (2200 C. Nap.) — Salaire. . 25 cent. Timbre. . 06 cent.
3° Renonciation aux droits indiqués ci-dessus 1° (L. 23 mars 1855, art. 1). 4° Jugements déclaratifs de conventions verbales établissant de pareils droits (L. 23 mars 1855, art. 1).	*Un franc*, droit fixe (L. 23 mars 1855, art. 12). Plus les *deux décimes* (*ut suprà*).	Formalité de la transcription. — Salaire. . 01 cent. par ligne (Décr. 24 nov. 1855). Timbre. . 1 fr. par rôle de 70 lignes.
2e CATÉGORIE D'ACTES. *Loi du 23 mars 1855. — Art. 2.* 1° Actes constitutifs d'*antichrèse*, de *servitudes*, d'*usage* et d'*habitation*. 2° Renonciation à ces mêmes droits. 3° Jugements déclaratifs de ces mêmes droits, d'après conventions verbales. 4° Baux excédant dix-huit années. 5° Cession ou quittance de trois années pour loyers ou fermages anticipés.	*Un franc*, droit fixe. (L. 23 mars 1855, art. 12). Plus les *deux décimes* (*ut suprà*).	Récépissé des pièces déposées. — Timbre. . 35 cent.

(*) *Observations*. — 1° Le droit *fixe* est seul indiqué ici, parce que, d'ordinaire, le droit proprement dit de transcription (1 fr. 50 c. p. 0/0), est perçu lors de l'enregistrement des actes qui doivent être transcrits (art. 52 et 54 de la loi du 28 avril 1816). Si, par une circonstance quelconque, ce droit de 1 fr. 50 c. pour 0/0 n'a pas été perçu au bureau d'enregistrement, le conservateur l'exige à la place du droit *fixe*. — 2° Quand le prix d'une vente transcrite n'a pas été payé comptant, il y a lieu de prendre l'*inscription d'office* (2108, C. Nap.), pour laquelle on ne perçoit pas de droit d'inscription au profit du trésor, mais seulement, pour *salaire*, 1 fr. fixe, et pour *timbre* du registre, 1 fr. par rôle de 70 lignes.

État des droits, salaires et frais à payer pour les inscriptions et radiations d'hypothèques, pour mentions de subrogation, et autres actes du ministère du Conservateur.

NATURE DES ACTES.	DROITS A PERCEVOIR POUR L'ÉTAT.	SALAIRES ET FRAIS.
1° Inscription ordinaire (2150).		
2° Inscription des hypothèques légales des femmes mariées, mineurs ou interdits, Soit avant la dissolution du mariage ou la fin de la tutelle (2135, 2150, C. Nap., L. 23 mars 1855, art. 9). Soit dans l'année { de la dissolution du mariage ou de la fin de la tutelle Soit après l'année { (L. 23 mars 1855 art. 8).	*Un franc par mille* ou *dix centimes* par cent. (L. 28 avril 1816, art. 60). Plus *deux décimes*. (L. 6 prairial an 7, et 14 juill. 1855).	Dépôt. — Salaire. . 25 cent. Timbre. . 06 cent. Formalité de l'inscription. — Salaire. . 1 fr. fixe. Timbre. . 1 fr. par rôle de 70 lignes. Récépissé des pièces déposées. — Timbre. . 35 cent.
3° Mention des cessions et subrogations à l'hypothèque légale d'une femme mariée (L. 23 mars 1855, art. 9).	Néant.	Dépôt. — Salaire. . Néant. Timbre. . 06 cent. Formalité de la mention. — Salaire. . 50 cent. Timbre. . Néant. (Instr. gén. du 24 nov. 1855).
4° Mention des jugements portant résolution, rescision ou nullité d'actes transcrits (L. 23 mars 55, art. 4). (*).	Néant.	Dépôt. — Salaire. . Néant. Timbre. . 06 cent. Formalité de la mention. — Salaire. . 1 fr. fixe. (Instr. du 24 nov. 1855) Timbre. . Néant.
5° Radiation d'inscriptions (art. 2157, C. Nap.)	Néant.	Salaire. . 1 fr. par inscription. Timbre. . 35 cent.
6° État des transcriptions et des inscriptions (art. 2198, C. Nap. et loi du 23 mars 1855, art. 5).	Néant.	Salaire. . 1 fr. par article. Timbre. . 35 cent. par feuille de ce taux.
7° Copies d'actes transcrits (art. 2198, C. Nap.).	Néant.	Salaire. . 2 c. la ligne Timbre. . 1 fr. 25 c. la feuille.

(*) S'il y a lieu de *transcrire* des jugements, au lieu de les *mentionner*, parce que les actes à l'occasion desquels ils interviennent n'ont pas été *transcrits* (art. 11, § 2 de la loi du 23 mars 1855), le droit fixe d'un *franc* est dû à l'État (art. 12 de la loi), et les salaires et frais sont perçus, comme pour la *transcription* des jugements de la 1re *catégorie* d'actes, d'après le tableau ci-contre.

Napoléon :

Oh ! qué dé cops lan bist sur lé col dé Naourouso,
Cerqua démest les rocs uno sourço aboundouso,
Et qué dé cops tabé, soun el souben, souben,
Dé l'uno à l'aoutro mar passabo tristomen.
Qu'a trabaïllat loungtens estacat à la pèno !
Aquos sus aquel col oun soun rèbé lé méno
Al miech daquélis rocs per lé tens esquissats,
Qué troubara l'anel dé la grando cadéno
Qué deou tené jouts el dous moundes amarrats.

. . . .

Déjà dins un bel riou de la costo dé Franço
L'Océan fier nobit s'abanço,
Jusqu'os as pès bénits d'aquel rajol d'argen ;
Un moundé de baïchels sus soun cap sé balanço
Et dal coustat oun lé jour ben,
L'aoutro mar as èls blus carréjo maï dé bélos
Qu'à soun Cèl proubençal on pot counta d'estélos.
Oh ! jamaï n'an pas bis as èls
Nobits tant richés ni tant bels !
En les bézen passa, les poplés sé démandoun
Qu'un bras hardit et fort les méno sul Canal.
Cranto pourtals géans, d'abant ellis s'alandoun
Et sur d'escallés dé cristal ,

Nous empruntons les lignes qu'on va lire à un intéressant ouvrage publié récemment sous ce titre : *Guide du
voyageur sur le Canal du Midi et ses embranchements.*

Jean-Paul Riquet, baron de Bonrepos, naquit à Béziers,
en 1604.

Dès les temps les plus anciens, l'attention s'était portée
sur les avantages reconnus que l'on aurait à retirer d'une
communication intérieure établie entre l'Océan et la Mé-
diterranée, et après la conquête des Gaules par les Romains
sous l'empire d'Auguste, on s'était déjà occupé des moyens
de la créer.

Sous le règne de François Ier, en 1539, un plan fut
dressé pour la construction d'un canal qui devait réunir
l'Aude à la Garonne.

Ce projet fut repris sous le roi Charles IX.

Henri IV, après avoir pacifié la France, chargea le
cardinal de Joyeuse de faire examiner sur les lieux la
possibilité de cette entreprise.

A mesure que l'industrie prenait en France un vol plus
élevé, que l'esprit commercial s'y développait et que les
vrais principes d'économie politique s'y répandaient, le
besoin d'une plus grande liberté de circulation se faisait
sentir, et les villes de Lyon, Marseille, Toulouse et Bor-
deaux sollicitaient avec plus d'instance un moyen de transport qui pût répondre à l'activité de leurs relations.

En 1614, 1617, 1633, 1636 et 1650, on s'en occupa
encore, tant on pressentait alors les immenses avantages